Inhalt

Vorwort

„Der Verteidiger des Angeklagten und der Staatsanwalt nehmen den Zeugen gemeinsam ins Kreuzverhör, bei diesem Kreuzverhör verwickelt sich der Zeuge zunehmend in Widersprüche und belastet den Angeklagten derart, dass die Geschworenen anschließend nach sehr kurzer Beratung einstimmig das Urteil ‚schuldig' sprechen. Daraufhin beschließt der Richter, das Strafmaß auf 8 bis 13 Jahre Gefängnis festzulegen."

Diesen kurzen Text habe ich einer größeren Anzahl von Schülerinnen und Schülern vorgelesen und sie anschließend gefragt, ob diese Szene in einem deutschen Strafprozess spielen könnte. Eine sehr große Mehrheit hat die Frage mit „ja" beantwortet. Auch meine zweite Frage, ob in Deutschland Scheidungsprozesse öffentlich seien, wurde von den meisten bejaht.

Nun soll es hier keineswegs darum gehen, einmal mehr in die sattsam bekannten PISA-Klagen einzustimmen (zumal das Ergebnis unter Erwachsenen wahrscheinlich ähnlich ausgefallen wäre!). Ursache für den ersten Fehler dürften wohl eher die unzähligen angloamerikanischen Kriminalfilme und -serien sein, und der zweite Irrtum wird wahrscheinlich mit den Gerichtsshows im deutschen Fernsehen zusammenhängen.

Die Tatsachen, dass es in der deutschen Strafprozessordnung so wenig ein Kreuzverhör wie Geschworene gibt, dass die Richter in Deutschland nicht lediglich nur das Strafmaß festlegen, dass es keine „Von-bis-Strafen" gibt – all das ist eigentlich ebenso offensichtlich wie der Grundsatz, privatrechtliche Prozesse niemals öffentlich zu veranstalten; nur sind diese Fakten nicht jedem Schüler bekannt.

In der hier vorliegenden, für zwölf Stunden konzipierten Einheit (plus optional ein ein- bis zweistündiger Test) sollen zunächst anhand eines zwar fiktiven, aber sehr realitätsnahen Falles Grundpositionen unseres Rechtssystems klar und ganz konkret anschaulich herausgearbeitet werden. Ein Blick über den Tellerrand des konkreten Falles auf das Bundesverfassungsgericht, den Gleichheitsgrundsatz sowie die Rolle der Medien rundet die Unterrichtseinheit ab und erweitert sie.

Johannes Greving

Tabellarische Übersichten zur Unterrichtseinheit

Der Strafprozess

Thema	Inhalt	Materialien – Vorbereitung
Ein Verkehrsunfall · 1 Unterrichtsstunde (KV 1)		
Ein Verkehrsunfall und seine Folgen	Der Fall „Herbert W.“, StVO und StGB; mögliche Strafen, Entschädigungen und sonstige Maßnahmen	KV 1: Ein Verkehrsunfall und seine Folgen
Der Verhandlungsverlauf · 3 Unterrichtsstunden (KV 2)		
Prozesssimulation	Vorinformationen zum Verlauf eines Strafprozesses; der Sinn von Strafen	KV 2: Erste Konsequenz: Der Strafprozess (1)
	Rollenspiel „Gerichtsverhandlung“	KV 2: Erste Konsequenz: Der Strafprozess (2)
Der Prozess und die Gerichtsinstanzen · 1 Unterrichtsstunde (KV 3)		
Die Bedeutung von Berufung und Revision innerhalb des Instanzenwegs	Berufung und Revision; die Gerichtsinstanzen	KV 3: Der Strafprozess geht weiter
Die weiteren juristischen Folgen · 1 Unterrichtsstunde (KV 4 und 5)		
Zivil- und Verwaltungsprozess	Schadensersatz und Schmerzensgeld	KV 4: Zweite Konsequenz: Schadensersatz und Schmerzensgeld
	Der Verwaltungsgerichtsprozess	KV 5: Dritte Konsequenz: Der Verwaltungsgerichtsprozess

Die richterliche Gewalt (Judikative)

Thema	Inhalt	Materialien – Vorbereitung
Die richterliche Gewalt · 2 Unterrichtsstunden (KV 6 – KV 8)		
Die rechtliche Stellung von Richtern und Laienrichtern	Unterschied zwischen Beamten und Richtern	KV 6: Die rechtliche Stellung von Richtern und Gerichten
	Der Sonderstatus der Laienrichter	KV 7: Sind Laien die besseren Richter?
Die Problematik der Sicherungsverwahrung	Der Fall Daniel Zier	KV 8: Sicherungsverwahrung (1)
	Pro und Kontra BVerfG-Urteil	KV 8: Sicherungsverwahrung (2)

Das Bundesverfassungsgericht als Hüterin des Rechtsstaates

Thema	Inhalt	Materialien – Vorbereitung
Das Bundesverfassungsgericht · 2 Unterrichtsstunden (KV 9 – KV 14)		
Aufgabe und Stellung des Bundesverfassungsgerichts anhand ausgewählter Urteile	Arbeitsteilige Kleingruppenarbeit (Gruppenpuzzle) zu den verschiedenen Urteilen	KV 9: Die Kontroverse um den § 218 (Abtreibung) KV 10: Kriegsdienst und Kriegsdienstverweigerung KV 11: Das „Kopftuch-Urteil“ KV 12: Hat das Verfassungsgericht zu viel Macht?
Die Problematik von Verhörmethoden und das Bundesverfassungsgericht	Der Fall Jakob von Metzler	KV 13: Die Not der Vernehmer
	Aufgaben des BVerfG	KV 14: Verfassungsbeschwerde erfolglos

Gleichberechtigung der Geschlechter

Thema	Inhalt	Materialien – Vorbereitung
Gleichberechtigung der Geschlechter · 1 Unterrichtsstunde (KV 15 und KV 16)		
Gleich- und Ungleichbehandlung im rechtlichen Sinn	Gleich- und Ungleichbehandlung	KV 15: Das Gebot der Gleich- und Ungleichbehandlung
	Der Europäische Gerichtshof greift ein	KV 16: Frauen in der Bundeswehr

Tabellarische Übersichten zur Unterrichtseinheit

Medien und Rechtsstaat

Thema	Inhalt	Materialien – Vorbereitung
Medien und Rechtsstaat · 1 Unterrichtsstunde (KV 17 – KV 22)		
Das problematische Verhältnis von Presse und Gericht	Beleidigung, üble Nachrede, Verleumdung	KV 17: Presse- und Medienfreiheit
	Arbeitsteilige Kleingruppenarbeit zu verschiedenen Aspekten des Themas	KV 18: Das „Heidemörder-Urteil" KV 19: Recht auf Gegendarstellung KV 20: Medienfreiheit und Menschenwürde KV 21: Der Kannibalismus-Prozess
	Pro und Kontra Freiheit der Berichterstattung	KV 18–21
Ergebnissicherung	Test	KV 22: Test

Didaktische Vorüberlegungen zum Kompetenzerwerb

Wir Lehrer erwarten von unseren Schülerinnen und Schülern zu Recht, dass sie am Ende einer Unterrichtseinheit über mehr Sachwissen, mehr Fähigkeiten, mehr methodische (oder auch kreative) Fertigkeiten und Techniken sowie ein sichereres Urteilsvermögen zu einem Thema verfügen als vorher – mit anderen Worten, dass sie kompetenter sind als vor der Einheit. In der hier vorgelegten Unterrichtseinheit, die bei den üblichen zwei Wochenstunden ca. sechs Wochen Zeit in Anspruch nimmt, soll nicht nur der Zuwachs an Sachwissen primäres Ziel sein, sondern auch die Entwicklung der Methoden- und Urteilskompetenz. Die Einheit orientiert sich daher an ganz konkreten Fällen und Entscheidungen.

Sach- und Analysekompetenz:
Unter diesem Aspekt ist das Ziel der Einheit ein fundiertes juristisches Orientierungswissen im Bereich des Gerichtswesens, das den Schülerinnen und Schülern das Analysieren und Beurteilen juristischer Sachverhalte und gerichtlicher Entscheidungen ermöglicht. Sowohl das juristische Normen- und Institutionensystem (der normative und institutionelle Politikbereich) als auch der gerichtliche Willensbildungs- und Entscheidungsprozess (die prozessuale Politikdimension) werden in der Einheit thematisiert. Das kasuistische Vorgehen durch die Anbindung an realitätsgerechte Justizfälle, die ganz konkrete Urteile und Entscheidungen erfordern, versetzt die Schüler in die Lage, sachangemessene Reflexionsprozesse zu vollziehen. Da die Fälle „aus dem wirklichen Leben" gegriffen sind, wird die in jurisdiktionellen Themen leicht entstehende Trockenheit und Realitätsferne vermieden. Die Schüler werden also mit der gedanklichen Durchdringung von Situationen konfrontiert, in die sie selber oder Personen aus ihrem näheren oder weiteren Umfeld durchaus einmal geraten könnten.

Methodenkompetenz:
In Bezug auf die Erweiterung und Festigung der Methodenkompetenz analysieren die Schülerinnen und Schüler juristische Phänomene und wenden Arbeitstechniken zu deren methodischer Erschließung an. Dies sind neben der traditionellen Texterschließung anhand der Aufgabenstellungen der Arbeitsblätter die Gestaltung von Rollenspielen, Urteilsbegründungen und juristischen Erörterungen, das Schreiben von Szenarien und das Inszenieren eines Gruppenpuzzles.

Urteilskompetenz:
Die Schülerinnen und Schüler reflektieren und bewerten juristische Sachverhalte und Entscheidungen mithilfe normativer Kategorien. Sie erkennen dabei, dass Werte und Normen nicht nur der eigenen Persönlichkeit und Weltsicht entstammen, sondern auch gesellschaftlich vorgegeben sind. Persönliche Stellungnahmen und die Darlegung der eigenen Meinung, die sich im Laufe der Zeit ja durchaus verändern kann, korrespondieren oder konfligieren mit den durch Gesetzestexte sehr präzise vorgegebenen Normen unserer Gesellschaft. Dies ist der didaktische Ansatzpunkt zur kritischen Reflexion der Sinnhaftigkeit dieser Normen.

Der Strafprozess

Der Einstieg knüpft an vorhandenes Vorwissen an, das in der folgenden Vertiefungsphase systematisiert und erweitert wird. Die Schülerinnen und Schüler erarbeiten anhand von KV 1 die Bestimmungen der Paragraphen 316 StGB (Trunkenheit im Verkehr), 21a StVO (Gurtpflicht), 223/4 StGB (Körperverletzung) und 69 StGB (Führerscheinentzug). Die Texte werden entweder kopiert oder die Schüler haben die Möglichkeit zur Internetrecherche. Die Funktion des Lehrers besteht in dieser Phase hauptsächlich in der „Übersetzung" der komplizierten und schwer verständlichen juristischen Fachsprache in „normales" Deutsch.
Im folgenden Unterrichtsgespräch sollten die Ergebnisse gefestigt und auf eine realistische Sichtweise fokussiert werden. Die abschließende Stillarbeit bzw. Hausaufgabe sichert die ersten, vorläufigen Erkenntnisse.

Das kurze Szenario von KV 2 „Erste Konsequenz: Der Strafprozess (1)" knüpft am Vorwissen der Schüler an und dient der Vorbereitung des anschließenden Unterrichtsgesprächs, das den Kern dieser Stunde bildet. Im Gespräch kommt es darauf an, die innere Logik eines Strafprozesses und seine rechtsstaatlichen Fundamente deutlich zu machen. Falls die Schülerinnen und Schüler noch überhaupt keine Vorstellungen davon haben, was z.B. ein „faires Verfahren" bedeutet oder welche Aufgaben ein Rechtsanwalt hat, sind entsprechende kurze Exkurse angebracht (z.B. Recht auf Gehör vor Gericht, Recht auf angemessene Prozessvorbereitung, Recht auf Akteneinsicht etc.).
Ein Tafelbild zum formalen Ablauf eines Strafprozesses dient der Systematisierung und müsste folgende Minimalinformationen enthalten:

- Verlesung der Anklageschrift
- Befragung des Angeklagten
- Vernehmung der Zeugen (im Fall Herbert W. die Polizeibeamten, der Baustellenleiter, Marianne G. und evtl. weitere Zeugen, die Angaben zur Person Herbert W. bzw. zum Verlauf des Abends machen können)
- Befragung der Gutachter bzw. Verlesung der Gutachten (in unserem Fall z.B. der Arzt, der die Blutprobe entnahm, ein Verkehrssachverständiger, der die Baustellenbeleuchtung überprüft hat, ein Arzt, der die Schwere der Verletzung von Marianne G. darstellt)
- Plädoyers des Staats- und des Rechtsanwalts
- Letzte Möglichkeit für den Angeklagten, sich zur Tat zu äußern
- Beratung des Schöffengerichts
- Verkündung des Urteils

Im letzten Teil der Stunde wird der Begriff der Schuld thematisiert. Die Schülerinnen und Schüler sollen erkennen, dass jeder der Beteiligten selbstverantwortlich für seine Taten (bzw. Unterlassungen) ist, und ein erstes Urteil über die jeweilige unterschiedliche „Schwere" der Schuld der Beteiligten (Herbert W., Marianne G, Baustellenleiter) fällen.

Die nächste Stunde ist in zwei deutlich unterschiedliche Phasen gegliedert: Im ersten Teil geht es um den Sinn von Freiheitsstrafen überhaupt. Die Schülerinnen und Schüler sollen erkennen, dass es einerseits der Gesellschaft möglich sein muss, Gesetzesübertretungen mit „empfindlichen" Folgen zu belegen, andererseits der Täter aber auch das Recht auf die Fortdauer seiner gesellschaftlichen Existenz hat. Der Gedanke des Strafens mit den für den Täter unangenehmen Folgen steht gleichberechtigt neben dem Sozialisierungsaspekt, also der während des Strafvollzugs möglichst optimal vorbereiteten Wiedereingliederung des Straftäters in die Gesellschaft. Der zweite Teil nimmt den konkreten Fall wieder auf. Die Schüler sollen mithilfe der KV 2 „Erste Konsequenz: Der Strafprozess (2)" Vorstellungen davon entwickeln, welche unterschiedliche Funktionen Richter und Schöffen, Rechts- und Staatsanwalt sowie Zeugen und Sachverständige in einem Strafprozess haben. In diesem Zusammenhang können durchaus auch Aspekte wie Aussagepflicht versus Zeugnisverweigerungsrecht oder die in Strafprozessen immer wichtiger werdende Rolle der Sachverständigen und Gutachter thematisiert werden. – In der konkreten Umsetzung während des Rollenspiels erfahren die Schülerinnen und Schüler die zentrale Bedeutung der medizinischen und technischen Gutachten unmittelbar.
Die gesamte Gerichtsverhandlung gegen Herbert W. wird anschließend als Rollenspiel inszeniert, um den abstrakt-„trockenen" Charakter dieser Einheit zu mindern. Die Rollenverteilung ergibt sich aus dem

Tafelbild der letzten Stunde. Jeweils zwei bis drei Schülerinnen oder Schüler bereiten in einer kurzen (ca. 10 Minuten dauernden) Phase die Rollen vor. Da das Strafmaß bereits bekannt ist, sind alle zu einer realistischen Ausgestaltung ihrer Rolle genötigt. Der Lehrer gibt entsprechende Hilfestellungen – besonders den Sachverständigen gegenüber, denen hier eine ausschlaggebende Funktion zukommt. In der abschließenden Reflexion im gemeinsamen Gespräch vergleichen die Schülerinnen und Schüler das „tatsächliche“ Urteil mit den Aussagen der Spieler.

Im ersten Teil der folgenden Unterrichtsstunde sollen die Schülerinnen und Schüler anhand von KV 3 „Der Strafprozess geht weiter“ zunächst die grundsätzliche Bedeutung der Berufungs- und Revisionsmöglichkeit in einem Rechtsstaat erkennen (Schutz des Angeklagten vor ungerechten oder falschen Urteilen). Dann wird die unterschiedliche Bedeutung von Berufung (Neuverhandlung des gesamten Prozesses auf der nächsthöheren Gerichtsebene) und Revision (Prüfung auf Verfahrensfehler durch höhere Instanz, ggf. Rückverweisung an das untere Gericht) thematisiert und geklärt.
Eine Übersicht über die Gerichtsinstanzen (z. B. bei Wikipedia zu finden) strukturiert den zweiten Teil der Stunde: Die Schüler erarbeiten mithilfe des Lehrers den Begriff „ordentliche Gerichtsbarkeit“ und lernen erste Unterschiede zwischen Straf- und Zivilgerichtsbarkeit kennen. Die Hausaufgabe vertieft das Gelernte und bereitet die nächste Stunde vor.

Die Schülerinnen und Schüler klären auf KV 4 die entstandenen Schäden des auf KV 1 beschriebenen Verkehrsunfalls. Wichtig ist, dass sie tatsächlich das volle Ausmaß der Schäden und die genauen „Anteile“ der einzelnen Personen an der Schadenssumme erkennen. Anhand dieser konkreten Auseinandersetzungen kann dann die grundsätzliche Funktion eines Zivilprozesses erarbeitet werden (vgl. Lösungen).
Im zweiten Teil der Stunde (KV 5) wird anhand des konkreten Falles die Funktion der Verwaltungsgerichtsbarkeit erörtert. Die Schülerinnen und Schüler sollen zunächst erkennen, dass die grundsätzliche Rechtsweggarantie nach Art. 19/4 GG zentral für jeden Rechtsstaat ist und die Bürger vor Willkürmaßnahmen des Staates schützt.
Das verlangte Urteil gegen Herbert W. erfordert auf Schülerseite die Fähigkeit einer angemessenen Einschätzung:

- Einerseits ist Herbert W. von Beruf Taxifahrer und kann ihn ohne Führerschein nicht weiter ausüben;
- andererseits hat er eine Menge Verstöße gegen die Straßenverkehrsordnung begangen (nicht nur den Unfall verursacht) und ist von daher vielleicht eine Gefahr für die Allgemeinheit.

Klar ist, dass es in diesem Fall kein eindeutiges „Richtig“ oder „Falsch“ geben kann.

Didaktisch-methodischer Kommentar

Stundenverlaufsplanung

Phase/ exempl. Zeitansatz	Geplanter Unterrichtsverlauf	Sozialform	Medien	Kommentar/*Kompetenzen*
6 Stunden: Der Strafprozess (KV 1 bis KV 5)				
1. Stunde: Ein Verkehrsunfall (KV 1)				
Einstieg 10 min	Lehrer stellt den Fall „Herbert W.“ anhand von KV 1 kurz vor; Schüler äußern erste Vermutungen über mögliche Konsequenzen; Lehrer notiert die Schüleräußerungen an der Tafel	Offenes Unterrichtsgespräch	KV 1: Der Verkehrsunfall und seine Folgen, Tafel	*Vorwissen einbringen*
Erarbeitung 15 min	Schüler recherchieren zu den einzelnen Bestimmungen der StVO und des StGB und bearbeiten KV 1, Aufgabe 1; Lehrer gibt Hinweise und Hilfestellungen	Partnerarbeit	Gesetzestext oder Internet, KV 1	*Gezielt im Internet recherchieren und Ergebnisse einbringen*
Vertiefung 15 min	Schüler erläutern ihre Ergebnisse und äußern erste Erwartungen über Strafen, Entschädigungen und sonstige mögliche Maßnahmen; Lehrer moderiert das Gespräch und lenkt es in eine realistische Richtung	Gelenktes Unterrichtsgespräch	Bearbeitete KV 1	*Arbeitsergebnisse präsentieren*
Ergebnissicherung 5 min	Schüler schreiben einen zusammenhängenden Text zu den vom Unfall Betroffenen (auch als Hausaufgabe möglich)	Stillarbeit	KV 1, Unterrichtsbegleitmappe	*Einen juristischen „Fall“ schildern*
2. bis 4. Stunde: Der Verhandlungsverlauf (KV 2)				
Einstieg 10 min	Schüler schreiben anhand von KV 2 (1), Aufgabe 1 ein kurzes Szenario, wie sie sich den Verlauf des Prozesses vorstellen; Lehrer hält Stichworte an der Tafel fest	Stillarbeit	KV 2: Erste Konsequenz: Der Strafprozess (1), Unterrichtsbegleitmappe	*Sachinformationen zusammentragen*
Erarbeitung/Vertiefung 15 min	Schüler erarbeiten mithilfe ihrer Unterlagen im gemeinsamen Gespräch den Ablauf eines Strafprozesses; Lehrer lenkt das Gespräch anhand eines Tafelbildes bzw. einer Skizze	Fragen entwickelndes Unterrichtsgespräch	Tafel, evtl. Folie, Utensilien für „Gerichtssaal“	*Diskutieren*
Transfer 10 min	Schüler bearbeiten die Aufgabe 2 von KV 2 (1)	Stillarbeit	KV 2, Unterrichtsbegleitmappe	*Diskussionsergebnisse anwenden*
Ergebnissicherung 10 min	Schüler begründen, weshalb die Schuld des Baustellenleiters weit geringer ist als die von Herbert W.; Lehrer lenkt das Gespräch auf den zentralen Begriff der Schwere der Schuld; Vorbereitung der Hausaufgabe (Aufgabe 3)	Unterrichtsgespräch	Bearbeitete Aufgabe 2 von KV 2 (1); Aufgabe 3 als Hausaufgabe	*Einen Sachverhalt begründet darlegen*
Einstieg 5 min	Schüler tragen die Hausaufgabe vor; Lehrer hält Stichworte an der Tafel fest	Kurze Schülervorträge	Bearbeitete KV 2 (1), Tafel	*Arbeitsergebnisse präsentieren*
Vertiefung 15 min	Schüler diskutieren vor dem Hintergrund der Bewährungsregelung den Sinn von Freiheitsstrafen; Lehrer lenkt das Gespräch und fokussiert es auf das Spannungsverhältnis zwischen Strafe und Resozialisierung	Gelenktes Unterrichtsgespräch	Ggf. Tafel	*Diskutieren*
Neuer Einstieg 15 min	Schüler lesen KV 2 (2) und entwickeln schriftlich in Stichworten Vermutungen über die Funktionen der Rollen; Lehrer gibt Hilfestellung	Partnerarbeit	KV 2: Erste Konsequenz: Der Strafprozess (2), Unterrichtsbegleitmappe	*Ein szenisches Spiel entwickeln*
Erarbeitung 10 min	Schüler tragen Ergebnisse vor; Lehrer sammelt Stichworte an der Tafel	Kurze Schülervorträge	Tafel	*Arbeitsergebnisse präsentieren*
Erarbeitung 15 min	Schüler bereiten Rollen vor; Lehrer gibt Hilfestellung	Gruppenarbeit	Schreibpapier	*Ein szenisches Spiel entwickeln*

Didaktisch-methodischer Kommentar

Phase/ exempl. Zeitansatz	Geplanter Unterrichtsverlauf	Sozialform	Medien	Kommentar/*Kompetenzen*
Präsentation 20 min	Das Rollenspiel wird inszeniert.	Klasse	Schüler spielen Gerichtsverhandlung vor	*Ein szenisches Spiel vorführen*
Ergebnissicherung 10 min	Kritische Reflexion der Frage, ob das Spiel realistisch gewesen ist; Lehrer moderiert	Gelenktes Unterrichtsgespräch	–	*Kritisch reflektieren*
5. Stunde: Der Prozess und die Gerichtsinstanzen (KV 3)				
Erarbeitung 15 min	Schüler erarbeiten mithilfe von Fachbüchern bzw. des Internets die Aufgaben der KV 3 (1); Lehrer gibt Hilfestellungen	Partner- oder Kleingruppenarbeit	KV 3: Der Strafprozess geht weiter, Fachbücher oder Internet	*Informationen erarbeiten und einbringen*
Ergebnissicherung 5 min	Schüler stellen ihre Arbeitsergebnisse vor; Lehrer strukturiert ggf. an der Tafel	Klasse	Bearbeitete KV 3	*Arbeitsergebnisse präsentieren*
Erarbeitung 10 min	Lehrer stellt den Instanzenweg der deutschen Gerichtsbarkeit vor	Lehrervortrag	Tafel, Übersicht aus dem Internet	–
Vertiefung 15 min	Schüler erarbeiten im offenen UG den Begriff „Ordentliche Gerichtsbarkeit“; Lehrer leitet das Gespräch und hält Stichworte an der Tafel fest	Gelenktes UG	Tafel	*Diskutieren*
–	Hausaufgabe: Die Schüler überlegen schriftlich die Unterschiede zwischen Straf- und Zivilrecht	Einzelarbeit	Lexikon, Internet	*Informationen erarbeiten und abwägen*
6. Stunde: Die weiteren juristischen Folgen (KV 4 und KV 5)				
Einstieg 5 min	Rückgriff auf KV 1 anhand von KV 4; Lehrer notiert die Schäden an der Tafel	UG	Tafel	—
Erarbeitung 1 10 min	Schüler bearbeiten die Aufgaben der KV 4; Lehrer gibt Hilfestellungen	Stillarbeit	KV 4: Zweite Konsequenz: Schadensersatz und Schmerzensgeld	*Informationen erarbeiten*
Ergebnissicherung 1 10 min	Schüler stellen Ergebnisse vor; Lehrer moderiert	Kurze Schülervorträge	Bearbeitete KV 4	*Arbeitsergebnisse präsentieren*
Erarbeitung 2 10 min	Schüler bearbeiten KV 5; Lehrer gibt Hilfestellungen	Stillarbeit	KV 5: Dritte Konsequenz: Der Verwaltungsgerichtsprozess	*Informationen erarbeiten*
Ergebnissicherung 2 10 min	Schüler stellen Ergebnisse vor; Lehrer moderiert	Klasse	Bearbeitete KV 5	*Arbeitsergebnisse präsentieren*

Die richterliche Gewalt (Judikative)

Zunächst werden die Schülerinnen und Schüler im gelenkten Unterrichtsgespräch zur Leitfrage „Was ist, was darf, was muss ein Beamter“? möglicherweise die üblichen (Vor-)Urteile gegen Beamte nennen. Der Lehrer muss im Gespräch verdeutlichen, dass eine recht strenge Dienstaufsicht besteht, der der einzelne Beamte unterworfen ist. Der Begriff der Weisungsbefugnis eines Vorgesetzten ist hier zentral. In der Übertragung auf das Richteramt muss deutlich werden, dass diese Dienstaufsicht die Unabhängigkeit von Richterurteilen gefährdet: – Richter sind in ihren Urteilen frei und unterliegen deswegen nicht der Dienstaufsicht. Gegebenenfalls könnte ein kurzer Vergleich mit der DDR diesen Sachverhalt illustrieren: Alle Richter, alle Staats- und Rechtsanwälte waren der Volkskammer – also letztlich der SED – direkt verantwortlich. Im Anschluss bearbeiten die Schülerinnen und Schüler die KV 6.

Dann wird der Begriff der Befangenheit in einem gelenkten Unterrichtsgespräch geklärt: Ein Richter darf mit dem Angeklagten weder verwandt noch verschwägert, noch sonst in irgendeiner Weise mit der Prozessmaterie verbunden sein (z.B. wird ein Richter, der sich privat sehr stark für den Tierschutz engagiert, in einem Prozess wegen Tierquälerei sicher als befangen abgelehnt werden).

Zum Schluss der Stunde sollen die Schüler den Grundgedanken des Schöffenprinzips erkennen (KV 7): Da es in jedem Beruf berufsbedingte „Blindheiten“ gibt, haben juristische Laien manchmal den schärferen Blick auf die zu verhandelnden Umstände.

Das Lernziel des ersten Stundenteils wird in der Hausaufgabe vorbereitet: Nach einer kurzen Rekonstruktion des Falles auf KV 8 „Sicherungsverwahrung (1)“ diskutieren und erkennen die Schülerinnen und Schüler, dass das Prinzip der Menschenwürde (Art. 1 GG) jedem Häftling eine zumindest grundsätzliche Möglichkeit geben muss, nicht im Gefängnis zu sterben. Dies wird ganz sicher kontrovers gesehen. Die Aufgabe des Lehrers ist es daher, die fundamentale Bedeutung des Prinzips der Menschenwürde herauszustellen.

Die während des Einstiegs festgehaltenen Stichworte strukturieren den zweiten Teil der Stunde. Die abschließende Vertiefung mithilfe der KV 8 „Sicherungsverwahrung (2)“ soll sich nicht nur auf das Urteil des BVerfG beziehen, sondern muss auch die Bedeutung der Begriffe Täter- und Opferschutz thematisieren: So wie der (für seine Tat ja bereits genügend bestrafte) Täter ein Recht auf Menschenwürde hat, so hat die Öffentlichkeit ein Recht, z.B. vor Sexualtätern geschützt zu werden. Am Stundenschluss muss deutlich sein, dass es hier trotz des eindeutigen Urteils des Verfassungsgerichtes keine simple Lösung gibt.

Didaktisch-methodischer Kommentar

Stundenverlaufsplanung

Phase/ exempl. Zeitansatz	Geplanter Unterrichtsverlauf	Sozialform	Medien	Kommentar/*Kompetenzen*
2 Stunden: Die richterliche Gewalt (Judikative) (KV 6 bis KV 8)				
1. Stunde: Die rechtliche Stellung von Richtern und Laienrichtern (KV 6 bis 8)				
Einstieg 5 min	Schüler stellen Vermutungen zur Leitfrage an; Lehrer moderiert	Gelenktes UG	–	Leitfrage: Was ist, was darf, was muss ein Beamter? *Diskutieren*
Ergebnis-sicherung 15 min	Schüler entwickeln den Begriff „Dienstaufsicht" und seine Bedeutung für den Beamtenstatus; Lehrer erläutert ggf. mit konkreten Beispielen aus seinem eigenen Berufsfeld, notiert Stichpunkte an der Tafel	Gelenktes UG	Tafel	*Diskutieren*
Erarbei-tung 10 min	Schüler erarbeiten die KV 6; Lehrer gibt Hilfestellungen	Partner- oder Stillarbeit	KV 6: Die rechtliche Stellung von Richtern und Gerichten, Gesetzestext oder Internet	*Informationen erarbeiten*
Ergebnis-sicherung 10 min	Schüler erläutern, weshalb Richter einen Sonderstatus haben und was „Befangenheit" bedeutet; Lehrer moderiert	Gelenktes UG	KV 6, Gesetzestext oder Internet	*Ergebnisorientiert diskutieren*
Erarbei-tung 5 min	Schüler erarbeiten die KV 7; Lehrer gibt Hilfestellungen	Partner- oder Stillarbeit	KV 7: Sind Laien die besseren Richter?	*Informationen erarbeiten*
–	Die Schüler bereiten als Hausaufgabe den Text von KV 8 (1) vor und klären die Bedeutung des Urteils „lebenslange Haftstrafe"	EA	KV 8: Sicherungsverwahrung (1)	*Informationen erarbeiten*
2. Stunde: Das Problem der Sicherungsverwahrung (KV 8)				
Einstieg 5 min	Schüler rekonstruieren knapp den in der KV 8 (1) dargelegten Fall; Lehrer moderiert und hält Stichpunkte an der Tafel fest	Gelenktes UG	Tafel, Schülerbegleitmappe	*Diskutieren*
Erarbei-tung 1 15 min	Schüler diskutieren, weshalb im „Normalfall" der Rest einer lebenslangen Haftstrafe nach 15 oder mehr Jahren zur Bewährung ausgesetzt wird; Lehrer leitet die Debatte und verweist ggf. auf den Art. 1 GG	Gelenktes UG	–	*Diskutieren*
Erarbei-tung 2 15 min	Schüler klären anhand der Aufgaben 2 bis 4 der KV 8 (1) den Unterschied zwischen Strafe und Sicherungsverwahrung; Lehrer leistet Hilfestellung	Gruppenarbeit	KV 8: Sicherungsverwahrung (1), Schülerbegleitmappe	*Informationen erarbeiten*
Vertiefung 10 min	Schüler erarbeiten die KV 8 (2) und diskutieren die Ergebnisse in der Klasse; Lehrer moderiert	Debatte	KV 8: Sicherungsverwahrung (2)	*Informationen erarbeiten, Arbeitsergebnisse diskutieren*

Das Bundesverfassungsgericht als Hüter des Rechtsstaates

Der Einstieg in die Unterrichtsstunde dient (aus Zeitgründen) nur zur Bildung der vier Stammgruppen für das Gruppenpuzzle, danach beginnt sofort die Arbeit. Jede Stammgruppe löst sich vorübergehend auf, und es bilden sich vier „Expertengruppen" mit je einem Schüler aus jeder Stammgruppe. Jede Expertengruppe erhält jeweils eine der Kopiervorlagen 9 bis 12. Die Expertengruppe 1 bekommt also z.B. KV 9, die Expertengruppe 2 die KV 10 etc. Danach haben die Expertengruppen 20 Minuten Zeit, sich in das jeweilige Problem einzuarbeiten. In der zweiten Arbeitsphase sind dann die didaktischen Fähigkeiten der Schülerinnen und Schüler gefragt: Sie gehen zurück in ihre Stammgruppen und sollen die anderen Mitglieder der Gruppe möglichst vollständig und sachangemessen über „ihr" jeweiliges Expertenthema informieren. Die Schülerinnen und Schüler können nun die KVs der anderen Experten bearbeiten. (Weitere Informationen zur Methode „Gruppenpuzzle" finden sich auf der folgenden Homepage:
http://lehrerfortbildung-bw.de/kompetenzen/medien/gender/bausteine/puzzle.htm)
Hinweis: Wer eine verbindlichere Form der Ergebnissicherung bevorzugt, sollte eine Extrastunde einplanen. In dieser Stunde wird ein Test zu den vier Themenbereichen der Kopiervorlagen in Einzelarbeit geschrieben, der dann aber für die ganze Gruppe gewertet wird. – Es wird die Gruppe am besten abschneiden, in der am besten gearbeitet und das Wissen am intensivsten vermittelt wurde.
Für die nächste Unterrichtsstunde bereiten die Schülerinnen und Schüler als Hausaufgabe die KV 13 „Die Not der Vernehmer" vor.

Diese Unterrichtsstunde hat zwei Lernziele:
- Das Wissen um die Problematik von Täter- und Opferschutz zu vertiefen und zu erweitern,
- grundlegende Kenntnisse über die Funktion und die Arbeitsweise des Bundesverfassungsgerichts zu erarbeiten.

Der Fall Jakob Metzler wird anhand von KV 13 knapp rekonstruiert, wobei deutlich werden muss, dass die Polizei zum Zeitpunkt der Verhöre glauben musste, dass der Junge noch am Leben sei und ein schnelles Vorgehen sein Leben retten könnte (ggf. mithilfe von entsprechenden Stichworten an der Tafel). Das für einen Rechtssaat wie die BRD absolut geltende Folterverbot lässt keinerlei Ausnahmen zu, auch in diesem extremen Fall nicht. Das erpresste Geständnis war strafrechtlich nicht zu verwerten. (Der Lehrer sollte den Hinweis geben, dass sowohl der Frankfurter Polizeipräsident als auch der die Vernehmung führende Kommissar inzwischen rechtskräftig zu Geldstrafen verurteilt worden sind.) Dennoch werden die Sympathien der Schüler (wie auch die der übergroßen Mehrheit der Bevölkerung) auf Seiten der „Folterer" liegen, da der Schutz des Jungen, die Tatsache der möglichen Lebensrettung, schwerer wiegt als die Interessen des Täters.
Auf KV 14 ist der Fall einer Verfassungsbeschwerde wegen Einsatzes einer verbotenen Vernehmungsmethode geschildert, bei der sich der Täter auf Art. 93 Absatz 4a GG beruft. Sein wahrscheinliches Ziel ist, sich als Folteropfer darzustellen, um ein neues Urteil zu erreichen, in dem nicht mehr die „besondere Schwere der Tat" festgestellt wird, um eine spätere Begnadigung grundsätzlich möglich zu machen.
Den Abschluss der Stunde bildet die weitere Deutung des Art. 93, hier kann aufgrund der Kürze der Zeit nur ein grober Überblick über die weiteren Aufgaben des BVerfG erarbeitet werden.
Als Hausaufgabe bereiten die Schülerinnen und Schüler die KV 15 „Das Gebot der Gleich- und Ungleichbehandlung" vor.

Didaktisch-methodischer Kommentar

Stundenverlaufsplanung

Phase/ exempl. Zeitansatz	Geplanter Unterrichtsverlauf	Sozialform	Medien	Kommentar/*Kompetenzen*
2 Stunden: Das Bundesverfassungsgericht (KV 9 bis KV 14)				
1. Stunde: Aufgabe und Stellung des Verfassungsgerichtes anhand ausgewählter Urteile (KV 9 bis 12)				
Einstieg 5 min	Gruppenpuzzle: Es werden 4 Stammgruppen gebildet; Lehrer unterstützt dabei	Gruppen-puzzle	–	Der Lehrer sollte die Schülerinnen und Schüler möglichst selbstständig arbeiten lassen und so wenig wie möglich eingreifen
Erarbei-tung 20 min	Expertenrunde: Schüler bearbeiten die KVs in den jeweiligen Expertengruppen; Lehrer gibt Hilfestellung	Gruppen-puzzle	KV 9: Die Kontroverse um den § 218 (Abtreibung), KV 10: Kriegsdienst und Kriegsdienstverweigerung, KV 11: Das „Kopftuch-Urteil“, KV 12: Hat das Verfassungsgericht zu viel Macht?	*Informationen erarbeiten*
Ergebnis-sicherung 20 min	Schüler informieren sich gegenseitig in ihren Stammgruppen über ihre Expertenthemen; Lehrer gibt ggf. Hilfestellung	Gruppen-puzzle	Ergebnisse der KV 9 bis 12 bzw. Erarbeitung der KVs	*Informationen weitergeben*
–	Hausaufgabe: Schüler bereiten die Aufgaben von KV 13 vor	EA	KV 13: Die Not der Vernehmer	*Informationen erarbeiten*
2. Stunde: Die Problematik von Verhörmethoden und das Bundesverfassungsgericht (KV 13 und 14)				
Einstieg 5 min	Der Fall J. Metzler wird kurz rekonstruiert; Lehrer moderiert und hält ggf. Stichpunkte an der Tafel fest	Gelenktes UG	KV 13, ggf. Tafel	*Diskutieren*
Vertiefung 10 min	Schüler diskutieren auf der Grundlage dieses Falles noch einmal die Begriffe Täter- und Opferschutz; Lehrer moderiert	Gelenktes UG		*Diskutieren*
Erarbei-tung 1 10 min	Schüler erarbeiten in Gruppen die Aussagen und Arbeitsaufträge der KV 14; Lehrer gibt Hilfestellung	Gruppen-arbeit	KV 14: Verfassungsbeschwerde erfolglos, Schülerbegleitmappe	*Informationen erarbeiten*
Erarbei-tung 2 10 min	Schüler klären anhand des Art. 93 GG, weshalb sich der Beschwerdeführer überhaupt an das BVerfG wenden konnte; Lehrer leitet das Gespräch	Gelenktes UG	KV 14, GG Art. 93	*Informationen erarbeiten*
Vertiefung 10 min	Schüler erarbeiten in Partnerarbeit, welche weiteren Aufgaben das BVerfG hat; Lehrer gibt Hilfestellung	Partnerarbeit	GG, Schülerbegleitmappe	*Informationen erarbeiten*
–	Hausaufgabe: Schüler bereiten die Aufgaben von KV 15 vor	EA	KV 15: Das Gebot der Gleich- und Ungleichbehandlung	*Informationen erarbeiten*

Gleichberechtigung und Rechtsstaat

Zunächst erarbeiten die Schülerinnen und Schüler anhand von KV 15 den Begriff der juristischen Gleichheit bzw. Ungleichheit. Der Begriff der juristischen Gleichheit ist notwendig zum Verständnis des EuGH-Urteils zum Thema Frauen in der Bundeswehr (KV 16). Die Schülerinnen und Schüler sollen erkennen und reflektieren, dass nur sachlich Ungleiches auch ungleich behandelt werden darf. Die Frage, was denn nun sachlich ungleich ist und was nicht, ändert sich im Lauf der Zeit. Das Frauenbild, das in Art. 12a GG und dem Soldatengesetz § 1 zum Ausdruck kommt, ist veraltet und stammt aus einer Zeit, in der die Frauenrolle grundsätzlich anders interpretiert wurde als heute: Die Aufgabe und Funktion der Frauen in der Gesellschaft wurde von biologischen Determinanten abgeleitet, was aus heutiger Sicht mehr als fragwürdig erscheint. Aufgrund der – unbestreitbaren – biologischen Tatsache, dass Frauen Kinder gebären, wurden jeder Frau unveränderliche psychologische und soziale Eigenschaften zugeschrieben, die sich jeder empirischen Verifizierung entziehen und allenfalls von dem engen Weltbild der damaligen Juristen Zeugnis geben. Das Urteil des EuGH, das damals sehr viel Aufsehen (und Aufregung bei der BW) erzielt hat, wird von (fast) allen Schülerinnen und Schülern als gerecht begrüßt, weil es unserer heutigen Vorstellung von Geschlechtergerechtigkeit entspricht.

Das Szenario von KV 16 greift den Einstieg wieder auf – es muss deutlich werden, dass die BRD und die Bundeswehrführung durch den EuGH gezwungen worden sind, nationale Gewohnheiten aufzugeben: Heute verrichten Frauen als Zeit- oder Berufssoldaten ganz selbstverständlich Dienst in der Bundeswehr, auch bei Kampfeinsätzen im Ausland.

Stundenverlaufsplanung

Phase/ exempl. Zeitansatz	Geplanter Unterrichtsverlauf	Sozialform	Medien	Kommentar/*Kompetenzen*
1 Stunde: Gleich- und Ungleichbehandlung im rechtlichen Sinn (KV 15 und KV 16)				
Einstieg 10 min	Die Schüler rekonstruieren knapp die Aufgabe des BVerfG und nennen weitere Entscheidungen; Lehrer moderiert	Kurze Schülervorträge	KV 15: Das Gebot der Gleich- und Ungleichbehandlung, Schülerbegleitmappe	*Arbeitsergebnisse präsentieren*
Erarbeitung 1 10 min	Zur Vorbereitung des Hauptstundenthemas diskutieren die Schüler den juristischen Gleichheitsbegriff; Lehrer leitet das Gespräch	Gelenktes UG	–	*Diskutieren*
Erarbeitung 2 10 min	Schüler erarbeiten in Partnerarbeit KV 15; Lehrer gibt Hilfestellung	Partnerarbeit	KV 15, Schülerbegleitmappe	*Informationen erarbeiten*
Ergebnissicherung 20 min	Schüler schreiben anhand der KV 16 ein kurzes Szenario, das die Veränderungen, die das EuGH-Urteil für die Bundeswehr bedeutet hat, verdeutlicht.	Einzelarbeit, Präsentation	KV 16: Frauen in der Bundeswehr, Schülerbegleitmappe	*Ein Szenario entwickeln*
–	Hausaufgabe: Die Schüler recherchieren zu Hause als Vorbereitung der nächsten Stunde mithilfe des Internets die folgenden Begriffe: Beleidigung, üble Nachrede, Verleumdung	EA	Internet	*Gezielt recherchieren*

Medien und Rechtsstaat

Den Abschluss der Unterrichtseinheit bildet die „vierte Gewalt“: Unter verschiedenen Aspekten wird das Verhältnis von Pressefreiheit und juristischem Zwang erarbeitet (KV 17) und an Beispielen in Gruppenarbeit vertieft (KV 18 bis KV 21).
Der Einstieg in KV 17 ist bewusst etwas provokativ gehalten. Die Schülerinnen und Schüler sollen merken, dass Zitate auch dann, wenn sie wortwörtlich wiedergegeben werden, verfälscht oder in ihrer Bedeutung sogar umgedreht werden können, wenn sie aus dem Zusammenhang gerissen werden.
In der Gruppenphase, die den Hauptteil der Stunde bildet, werden verschiedene problematische Aspekte der Pressefreiheit in ihrem Bezug zu dem je eigenen Persönlichkeitsrecht erarbeitet (die Schüler können auf Overheadprojektor-Folien wichtige Stichpunkte notieren, die ihnen bei der späteren Präsentation helfen).

Mögliche Hintergründe für die Folien:

- KV 18: Im „Heidemörder-Urteil“ geht es um höchst private Fotos, von denen illegale Kopien angefertigt und veröffentlicht wurden. Eine Rechtsgüterabwägung zwischen dem Recht der Betroffenen auf ihre Privatsphäre und dem Recht der Pressefreiheit ist notwendig.
- KV 19: Das Recht auf Gegendarstellung ist ein wichtiges Persönlichkeitsschutzrecht, das aber von der Presse oft ausgehebelt wird, indem eine Gegendarstellung in Briefmarkengröße auf der vorletzten Seite erscheint. Der vorliegende Rechtsstreit geht wesentlich weiter, da F. van Almsick selbst Größe und Positionierung der Gegendarstellung bestimmen wollte.
- KV 20: Die heute üblich gewordenen Ekelshows der Privatsender sind das Thema der dritten Gruppe. Pro und Kontra solcher Shows unter dem Aspekt des Persönlichkeitsrechts sollen diskutiert und anhand eines Szenarios satirisch überspitzt werden.
- KV 21: Es geht nicht nur um die Tat an sich, die sicherlich schwer zu verstehen ist, sondern auch um die üblichen Praktiken einer Boulevardzeitung, mit solch einem Fall umzugehen: sprachliche Diffamierung („Menschenfresser“), Abwertung, Spekulation.

In der abschließenden Präsentation werden diese unterschiedlichen Aspekte zusammengetragen, um allen Schülerinnen und Schülern ein differenziertes Urteil zwischen der demokratischen Notwendigkeit zu informieren und der Effekt- und Sensationshascherei zu ermöglichen.

Der die Einheit abschließende Test (KV 22) ist fakultativ, kann aber auch als Klassenarbeit geschrieben und gewertet werden. Anhand eines Falles, der sich in ähnlicher Weise vor kurzem real ereignet hat, sollen die Schülerinnen und Schüler ihre erworbenen Kompetenzen anwenden, indem sie in juristisch klarer und eindeutiger Weise den Sachverhalt erfassen und beurteilen.

Stundenverlaufsplanung

Phase/ exempl. Zeitansatz	Geplanter Unterrichtsverlauf	Sozialform	Medien	Kommentar/*Kompetenzen*
1 Stunde: Das problematische Verhältnis von Presse und Gericht (KV 17 bis KV 21)				
Einstieg 10 min	Anhand der KV 17 werden die von den Schülern zu Hause recherchierten Ergebnisse konkretisiert. Lehrer leitet das Gespräch	Gelenktes UG	KV 17: Artikel 5: Presse- und Medienfreiheit	*Arbeitsergebnisse zusammenfassend präsentieren*
Erarbeitung 25 min	Die Schüler arbeiten arbeitsteilig in vier Gruppen zu verschiedenen Aspekten des Themas. Lehrer gibt Hilfestellung	Gruppenarbeit	KV 18: Das „Heidemörder-Urteil", KV 19: Recht auf Gegendarstellung, KV 20: Medienfreiheit und Menschenwürde, KV 21: Der Kannibalismus-Prozess	*Informationen in der Gruppe erarbeiten*
Ergebnissicherung 10 min	Die Schüler präsentieren ihre Arbeitsergebnisse; Lehrer moderiert	Präsentation der Gruppen	Bearbeitete KVs 17 bis 21, ggf. Folien	*Arbeitsergebnisse präsentieren*
1 Stunde Ergebnissicherung (KV 22)				
1 Stunde	KV 22 dient der Ergebnissicherung der gesamten Einheit und wird von den Schülerinnen und Schülern selbstständig bearbeitet.	EA	KV 22: Test	*Wissen anwenden*

Name: Klasse: Datum:

Ein Verkehrsunfall und seine Folgen

Heute Morgen stand folgende Meldung in der Tageszeitung:

> **Schwerer Verkehrsunfall auf B 683**
>
> Auf der B 683 ist es heute Nacht um 2.30 Uhr auf Höhe der Baustelle bei Xdorf zu einem Unfall gekommen, bei dem Personen- und beträchtlicher Sachschaden entstand. Herbert W. (31 Jahre, von Beruf Taxifahrer) prallte in der Baustelle gegen ein Baufahrzeug. Die Polizei stellte fest, dass ein Teil der Baustellenbeleuchtung nicht ordnungsgemäß funktionierte. Die nicht angeschnallte Beifahrerin Marianne G. (24 Jahre, von Beruf Kommunikationswirtin) erlitt erhebliche Schnittwunden im Gesicht und musste im Kreiskrankenhaus von Ystadt einer Notoperation unterzogen werden. W. selber blieb unverletzt, das Auto und das Baufahrzeug wurden erheblich beschädigt. Die Polizei schätzt den Schaden auf 15 000 €. W. musste sich einer Blutprobe unterziehen, die einen Alkoholwert von 0,76 Promille ergab.

1 Recherchiere (im Internet oder in einer Gesetzessammlung) die Bestimmungen zu
- Alkohol im Straßenverkehr,
- dem Anlegen von Sicherheitsgurten,
- Körperverletzung,
- Führerscheinentzug.

2 Schreibe einen zusammenhängenden Text, in dem du auflistest, welche Personen, Firmen und Institutionen von diesem Unfall auf welche Weise betroffen sind. (Einige der Konsequenzen dieses Unfalls erschließen sich auf den folgenden Arbeitsblättern.)

Erste Konsequenz: Der Strafprozess (1)

Gegen Herbert W. wurde vom Staatsanwalt Anklage vor dem Schöffengericht in Xstadt erhoben. Die Anklage lautete auf Fahren unter Alkoholeinfluss, fahrlässige Körperverletzung und Sachbeschädigung. Da die Ermittlungen ergeben hatten, dass die Baustelle nicht vorschriftsmäßig beleuchtet gewesen war, wurde auch gegen den verantwortlichen Baustellenleiter ein Strafverfahren wegen fahrlässiger Körperverletzung eingeleitet. Herbert W. wurde zu einer sechsmonatigen Freiheitsstrafe, die zur Bewährung ausgesetzt wurde, und zu 5 000 € Geldstrafe verurteilt, der Baustellenleiter erhielt eine Geldstrafe von 2 000 €. Herbert W. wurde außerdem der Führerschein für neun Monate entzogen.

1 Was geschieht deiner Meinung nach bei einem Strafprozess genau? Schreibe ein kurzes Szenario des Prozessverlaufes. Überlege dir dabei, wer in welcher Funktion bei dieser Verhandlung anwesend sein wird.

2 Weshalb erhält Herbert W. eine höhere Strafe als der Baustellenleiter? Bitte begründe schriftlich.

3 Was bedeutet es, wenn eine Strafe zur Bewährung ausgesetzt wird? Ist dieses Verfahren deiner Meinung nach sinnvoll?

Erste Konsequenz: Der Strafprozess (2)

Rollenspiel Gerichtsverhandlung „In Sachen Herbert W.“

Rollen

Das Gericht:
- 1 Richter und 2 Schöffen
- Staatsanwalt
- Rechtsanwalt
- Angeklagter

Zeugen:
- Polizeiobermeister Schulze
- Marianne G.
- Hans Meier, der mit seinem Auto ca. 50 Meter hinter Herbert W. hergefahren ist
- Hubert Kröger, einer der Gäste des Lokals, in dem Herbert W. den Abend verbracht hat

Sachverständige:
- Der Arzt, der die Blutprobe entnommen hat
- Ein Verkehrssachverständiger
- Der Arzt, der Marianne G. behandelt hat

Verlauf der Verhandlung:
- Verlesung der Anklageschrift
- Vernehmung des Angeklagten
- Vernehmung der Zeugen
- Plädoyer des Staatsanwaltes
- Plädoyer des Rechtsanwaltes
- letzte Stellungnahme des Angeklagten
- Verkündung und Begründung des Urteils

1 Spielt die Gerichtsverhandlung „In Sachen Herbert W.“.
- Verteilt die 13 Rollen in eurer Klasse. Ihr habt anschließend 15 Minuten Zeit, euch in die Rollen einzufühlen und eure Redebeiträge vorzubereiten. Jeder Rollenspieler nimmt sich dazu ein bis zwei Assistenten.
- Diejenigen von euch, die keine Rolle übernommen haben, spielen die aufmerksamen und kritischen Zuschauer. Macht euch Notizen zu den Aussagen der einzelnen Spieler als Grundlage für die abschließende Diskussion darüber, ob die Verhandlung wirklich realistisch gewesen ist. In dieser letzten Stundenphase ist euer kritisches Urteil verlangt.

Name: Klasse: Datum:

Der Strafprozess geht weiter

Herbert W. erschien dieses Urteil falsch und seine Strafe viel zu hoch, er nahm sich einen Anwalt und ging in die Berufung. Daraufhin legte auch die Staatsanwaltschaft Berufung ein. Der Fall wurde vor der kleinen Strafkammer des Landgerichts in Ystad neu verhandelt, das Urteil des Landgerichtes fiel aber keineswegs milder aus. Da der Anwalt von Herbert W. der Meinung war, man hätte ein psychologisches Gutachten einholen müssen, beantragte er Revision vor dem Oberlandesgericht in Zstadt. Diese Revision wurde zurückgewiesen, das Urteil war damit rechtskräftig.

1 Recherchiere in deinem Politikbuch, einem Fachlexikon oder dem Internet: Was genau bedeutet *Berufung* und was geschieht nach einer solchen?

2 Was genau bedeutet *Revision* und was geschieht nach einer solchen?

3 Warum legt auch die Staatsanwaltschaft in diesem Fall *Berufung* ein?

4 Was bedeutet die Formulierung: *Das Urteil ist rechtskräftig*?

5 Was genau ist ein *Amtsgericht*, ein *Landgericht* und ein *Oberlandesgericht*? Gibt es in der Strafjustiz noch weitere Gerichte?

Zweite Konsequenz: Schadensersatz und Schmerzensgeld

Schau noch einmal KV 1 von S. 17 an: Wer hat durch den Unfall welchen Schaden erlitten? Es sind dies:

- Herbert W. selbst, da sein Auto erheblich beschädigt wurde.
- Die Firma, die die Baustelle betreibt, denn eines ihrer Fahrzeuge wurde ziemlich demoliert.
- Die Beifahrerin Marianne G., die operiert werden und anschließend drei Wochen im Krankenhaus bleiben musste. Zudem hat sie wegen der Schnittwunden im Gesicht einige hässliche Narben behalten.

Es kommt zu zivilrechtlichen Auseinandersetzungen zwischen

- Herbert W. und der Baufirma,
- Herbert W. und Marianne G.

1 Was wird die Baufirma von Herbert W. wollen? Wie wird die zivilrechtliche Entscheidung wahrscheinlich lauten?

____

____

2 Welche *Schadensposten* wird Marianne G. in einem Zivilprozess gegen Herbert W. anführen? (Ein Hinweis: Mit Sicherheit wird es u. a. um *Schmerzensgeld* gehen.) Wie wird der Richter hier aller Wahrscheinlichkeit nach urteilen?

____

____

____

____

3 Warum werden diese Fragen nicht gleich bei dem Strafprozess gegen Herbert W. erörtert?

____

____

____

____

4 Recherchiere die folgenden Fragen und beantworte sie auf einem extra Blatt.

a Worum geht es in einem Zivilprozess?

b Wie endet ein Zivilprozess im Unterschied zu einem Strafprozess?

c Gibt es auch bei Zivilprozessen die Möglichkeit von Berufung und Revision?

Name: Klasse: Datum:

Dritte Konsequenz: Der Verwaltungsgerichtsprozess

Mittlerweile sind neun Monate vergangen, der führerscheinlose Taxifahrer Herbert W. hat sich mit allen möglichen Gelegenheitsjobs über Wasser gehalten und will jetzt seinen Führerschein wiederhaben. Entsetzt muss er aber erkennen, dass die Stadtverwaltung ihm die erneute Ausstellung einer Fahrerlaubnis verweigert. Herbert W. schaltet wieder seinen Anwalt ein, und dieser erhält den schriftlichen Bescheid, dass sein Mandant aufgrund häufiger Verstöße gegen die Straßenverkehrsordnung und seines hohen „Punktestandes" im Flensburger Verkehrszentralregister charakterlich nicht zur Führung eines Kraftfahrzeuges geeignet sei. Ein harter Schlag für den Taxifahrer. Der Anwalt erhebt Klage gegen die Stadt vor dem Verwaltungsgericht und es kommt – ein gutes halbes Jahr später – zum Verwaltungsgerichtsprozess.

1 Neben der sogenannten *ordentlichen* Gerichtsbarkeit (Straf- und Zivilgerichte) gibt es weitere Gerichtsbarkeiten in Deutschland. Recherchiere, welche das sind.

2 Was meinst du: Welche Aufgaben hat ein Verwaltungsgericht? Wann wird es tätig, welche Entscheidungen fällt es?

3 Stell dir vor, du wärst der Verwaltungsrichter in diesem Fall. Welche Gesichtspunkte und Aspekte wären für dich von besonderer Wichtigkeit? Wie würdest du entscheiden? Bitte begründe schriftlich.

Name: Klasse: Datum:

Die rechtliche Stellung von Richtern und Gerichten

Die Judikative (Jurisdiktion, richterliche Gewalt) ist in Deutschland insbesondere durch eine Bestimmung von den anderen Gewalten deutlich getrennt und unabhängig: Richter sind keine Beamten, also Angehörige der Exekutive, auch wenn sie beamtenähnliche Rechte wie Unkündbarkeit und Pensionsanspruch haben. Sie sind daher nur in einem sehr geringen Maße der beamtenrechtlichen Dienstaufsicht unterworfen und in ihren Urteilsentscheidungen völlig weisungsunabhängig. Die Aufgabe der Gerichte ist der Schutz des verletzten Rechts sowohl gegenüber der öffentlichen Gewalt als auch im Verhältnis zwischen den Bürgern. Zum Wesen richterlicher Tätigkeit gehört es, dass diese Aufgabe vom Richter als neutralem Dritten in sachlicher und persönlicher Unabhängigkeit und in alleiniger Bindung an Gesetz und Recht ausgeübt wird. Auch das Gebot, dass niemand „seinem gesetzlichen Richter entzogen" (Artikel 101, Absatz 1 GG) werden darf, soll Eingriffe Unbefugter in die Rechtspflege verhindern und das Vertrauen der Rechtsuchenden und der Öffentlichkeit in die Unparteilichkeit und Sachlichkeit der Gerichte schützen. Dies bedeutet, dass schon vor Ausführen einer Straftat oder Beginn einer Rechtsstreitigkeit auf Grund der Regelung von Zuständigkeiten und Gerichtsbezirken feststeht, vor welchem Gericht die Behandlung des Delikts bzw. des Rechtsstreits stattfindet.

1 Kläre: Was wäre, wenn Richter den „normalen" Beamtenstatus hätten?

____

____

____

____

____

2 Laut Artikel 101 GG darf niemand seinem gesetzlichen Richter entzogen werden. Warum ist diese Bestimmung unter dem rechtsstaatlichen Aspekt so wichtig?

____

____

____

____

3 Gibt es in einem Strafprozess trotzdem die Möglichkeit, einen bestimmten Richter abzulehnen? Lies bitte noch einmal genau die Zeilen 17–22 durch und recherchiere in einer Gesetzessammlung oder im Internet unter dem Stichwort „Befangenheit".

____

____

____

____

4 In Artikel 101 GG steht weiterhin: „Ausnahmegerichte sind unzulässig." Kannst du dir etwas unter einem Ausnahmegericht vorstellen? Diskutiert in der Klasse, was problematisch daran wäre.

Name: Klasse: Datum:

Sind Laien die besseren Richter?

Merkblatt für Schöffen
herausgegeben von den Landesjustizverwaltungen (Auszüge)

1. Ehrenamt
Das Schöffenamt ist ein Ehrenamt (§§ 31, 77 des Gerichtsverfassungsgesetzes – GVG –). Jede Staatsbürgerin und jeder Staatsbürger ist zur Übernahme dieser ehrenamtlichen Tätigkeit verpflichtet.

2. Unabhängigkeit
Schöffen sind wie Berufsrichter nur dem Gesetz unterworfen. Sie sind in ihrem Richteramt an Weisungen nicht gebunden.

3. Unparteilichkeit
Unparteilichkeit ist die oberste Pflicht der Schöffen wie der Berufsrichter. In ihrem äußeren Verhalten müssen Schöffen alles vermeiden, was geeignet sein könnte, bei anderen Personen Zweifel an ihrer Unparteilichkeit zu erwecken.

4. Stellung der Schöffen in der Hauptverhandlung
Schöffen üben das Richteramt während der Hauptverhandlung in vollem Umfang und mit gleichem Stimmrecht wie die an der Verhandlung teilnehmenden Berufsrichter aus und tragen dieselbe Verantwortung für das Urteil wie diese.

5. Abstimmung
Zu einer jeden für Angeklagte nachteiligen Entscheidung [...] ist eine Mehrheit von zwei Drittel der Stimmen erforderlich. Beim Schöffengericht und bei der kleinen Strafkammer müssen also mindestens zwei, beim erweiterten Schöffengericht mindestens drei, bei der großen Strafkammer und beim Schwurgericht mindestens vier Mitglieder des Gerichts für die Bejahung der Schuldfrage und für die auszusprechende Strafe stimmen.

1 Man könnte meinen, dass Richter, die ein komplettes Jurastudium abgeschlossen haben, wohl besser in der Lage seien, ein gerechtes Urteil zu fällen. Warum werden in Strafverfahren überhaupt juristische Laien eingesetzt?

2 Auf der Ebene der Amtsgerichte und bei der kleinen Strafkammer des Landgerichtes gibt es jeweils zwei Schöffen und einen Berufsrichter. In der großen Strafkammer und der Schwurgerichtskammer sind es zwei Schöffen und drei Berufsrichter, auf der Ebene der Oberlandesgerichte und des Bundesgerichtshofes gibt es keine Schöffen. Erläutere ausführlich, welche Absicht und welcher Zweck hinter diesen Regelungen stecken könnte.

Name: Klasse: Datum:

Sicherungsverwahrung (1)

Niemand konnte sagen, dass man es nicht hätte ahnen können. Es war ein Novembermorgen, Polizeihubschrauber kreisten über dem Städtchen Schwäbisch Hall, ein Großaufgebot von Polizisten durchsuchte die Straßen. In einem Tunnel stellten sie den 30-jährigen Daniel Zier, er wehrte sich nicht. Seine Festnahme beendete einen Fall, der einem Alptraum entsprungen sein könnte. Zier, der einen großen Teil seines Lebens hinter Gittern verbracht hatte, wurde im Oktober 2001 entlassen, nach acht Jahren Haft. Verbüßen musste er sie für eine brutale Vergewaltigung. Als sich die Tore des Bruchsaler Gefängnisses für ihn öffneten, wusste eigentlich jeder der Beteiligten: Er würde es wieder tun. Die Staatsanwaltschaft in Offenburg hatte Zier vorsorglich einen „genetischen Fingerabdruck“ entnommen: Man habe sich gedacht, dass er rückfällig werden würde. Zier soll in seiner kurzen Freiheit mehrere Frauen sexuell missbraucht haben. In Schwäbisch Hall war sein Weg zu Ende: Mitten in der Innenstadt versuchte er, eine Frau aus ihrem Auto zu zerren. Ein Mann, so hieß es in Bruchsal, wie eine tickende Zeitbombe. Und man konnte nichts dagegen tun. Rechtlich war er nicht in Haft zu halten. So etwas, sagte Baden-Württembergs FDP-Justizminister Ulrich Goll, soll nie wieder vorkommen. [...] Die nachträgliche Sicherungsverwahrung soll her. [...] Eine Sicherungsverwahrung macht aus einem „lebenslänglich“, das möglicherweise nach 15 Jahren abgesessen ist, erst ein echtes „lebenslänglich“.
Sicherungsverwahrung ist keine Strafe. [...] Sie wird nicht verhängt für das, was der Täter getan hat, sondern für das, was er noch tun könnte.

(Süddeutsche Zeitung, 1.2.2002)

1 Recherchiere im Politik-Buch oder im Internet die Grundsätze des deutschen Strafvollzugs, insbesondere die Bedeutung des Urteils „lebenslängliche Haftstrafe“.

2 Warum ist die Sicherungsverwahrung keine Strafe?

3 Was ist das rechtsstaatliche Bedenkliche an dieser Tatsache?

4 Was spräche aus der Sicht des Täterschutzes, was aus der Sicht des Opferschutzes dafür, die Sicherungsverwahrung grundsätzlich nicht bei Ersttätern anzuordnen? Trage die Argumente in einer Tabelle zusammen.

Name: Klasse: Datum:

Sicherungsverwahrung (2)

Hintergrund des Falles ist das „Gesetz zur Bekämpfung von Sexualdelikten und anderen gefährlichen Straftaten“ vom 26.1.1998. Mit diesem Gesetz wurde die früher im Strafgesetzbuch vorgesehene Höchstgrenze von zehn Jahren bei einer erstmalig angeordneten Sicherungsverwahrung ersatzlos gestrichen.
Auf diesem Hintergrund ergab sich der folgende Fall: „Der Täter ist wegen schwerer Verbrechen vielfach vorbestraft und befand sich seit seinem 15. Lebensjahr nur wenige Monate in Freiheit. Zuletzt wurde er 1986 wegen versuchten Mordes in Tateinheit mit Raub zu einer Freiheitsstrafe von fünf Jahren verurteilt. Zugleich wurde seine Unterbringung in der Sicherungsverwahrung angeordnet.
Zum Zeitpunkt des In-Kraft-Tretens der Neuregelung befand er sich im Vollzug der Sicherungsverwahrung und wäre ohne diese Neuregelung zwingend nach Ablauf einer zehnjährigen Unterbringung aus der Sicherungsverwahrung zu entlassen gewesen. Die Strafvollstreckungskammer lehnte es jedoch im Jahr 2001 ab, die angeordnete Sicherungsverwahrung für erledigt zu erklären.“

(Bundesverfassungsgericht – Pressemitteilung Nr. 79/2003 vom 2. Oktober 2003)

5 Die Pressemeldung des Bundesverfassungsgerichtes stammt vom Oktober 2003. Informiere dich im Internet unter www.bverfg.de darüber, ob dieser Fall mittlerweile entschieden wurde, und gib gegebenenfalls die Kernpunkte des Urteils in eigenen Worten wieder.

6 In der Bundesrepublik gilt uneingeschränkt das Verbot rückwirkender Gesetze. Wie ist unter diesem Aspekt der Fall einzuschätzen? Schreibe einen Kommentar und berücksichtige hierbei auch die beiden letzten Sätze des Quellentextes von der vorherigen KV.

Name: Klasse: Datum:

Die Kontroverse um den § 218 (Abtreibung)

Am 18.6.1974 verabschiedete der Bundestag eine Neufassung des § 218 StGB zur Abtreibungsregelung, die sogenannte Fristenregelung. Die Opposition hatte diese Neufassung heftig bekämpft und die sogenannte Indikationslösung vorgeschlagen. Die folgende Tabelle zeigt die Grundsätze im Überblick:

Alte Regelung bis 1974	Fristenregelung	Indikationsregelung
Abtreibung ist generell ein Straftatdelikt, das mit Freiheitsstrafe geahndet wird.	Abtreibung ist innerhalb der ersten 12 Wochen der Schwangerschaft generell straffrei und erlaubt.	Abtreibung ist in den ersten 12 Wochen der Schwangerschaft dann straffrei und erlaubt, wenn eine „Indikation" vorliegt.

Einige Abgeordnete der Opposition erhoben Beschwerde beim Bundesverfassungsgericht gegen die Fristenregelung, und das Gericht entschied am 25.1.1975, dass die Fristenregelung verfassungswidrig sei. Die Kernsätze des Urteils lauten:

Das sich im Mutterleib entwickelnde Leben steht als selbstständiges Rechtsgut unter dem Schutz der Verfassung (Artikel 2, Satz 1 GG).
Die Schutzpflicht des Staates verbietet nicht nur unmittelbare Eingriffe in das sich entwickelnde Leben, sondern gebietet dem Staat auch, sich schützend und fördernd vor dieses Leben zu stellen. [...]
Das fünfte Gesetz zur Reform des Strafrechts vom 18.6.1974 ist der verfassungsrechtlichen Verpflichtung, das werdende Leben zu schützen, nicht in dem gebotenen Umfang nachgekommen.

(Urteil des Verfassungsgerichts vom 25.1.1975, BVerfGE 39,1 ff.)

1 Gib in eigenen Worten den Kern des Urteils wieder. Welche Rolle spielt der Artikel 2, Satz 1 GG?

2 Die damals einzige weibliche Verfassungsrichterin stimmte in einem sogenannten Minderheitenvotum gegen ihre Kollegen und erklärte die Fristenlösung für verfassungskonform. Überlege, welche Gründe sie zu ihrer abweichenden Stellungnahme veranlasst haben könnten, und formuliere diese Argumente in eigenen Worten.

3 Informiere dich über die heutige Regelung zur Abtreibung. Was hat die heutige Situation mit dem Urteil des BVerfG vom 25.1.1975 zu tun? Schreibe deine Ergebnisse auf ein extra Blatt.

Name: Klasse: Datum:

Kriegsdienst und Kriegsdienstverweigerung

Nach Artikel 4 GG hat jeder männliche Deutsche, der zum Wehrdienst eingezogen werden soll, das Recht, „aus Gewissensgründen" den Wehrdienst zu verweigern. Bei den Kreiswehrersatzämtern gibt es spezielle Ausschüsse, vor denen jeder, der einen Antrag auf Wehrdienstverweigerung gestellt hat, sein Gewissen (schriftlich und ggf. auch in mündlicher Verhandlung) erklären muss, d. h., er hat glaubhaft zu machen, dass der Dienst mit der Waffe sein Gewissen über Gebühr belasten würde. Im Juli 1977 verabschiedete der Bundestag eine Wehrdienstnovelle, die die Abschaffung der Gewissensprüfung bei Wehrdienstverweigerern zugunsten einer einfachen Entscheidung zum Inhalt hatte. Das bedeutet, dass vom 1.8.1977 jeder potenzielle Wehrpflichtige frei über Wehr- oder Zivildienst entscheiden konnte – eine Postkarte mit der entsprechenden Mitteilung an das Kreiswehrersatzamt genügte. Die Opposition rief sofort das Bundesverfassungsgericht an, das am 31.11.1977 das folgende Urteil bekannt gab:

Die mündliche Verhandlung hat ergeben, dass die gegenwärtige Organisation des Zivildienstes außerstande ist, die unerwartet sprunghaft gestiegene Zahl der Kriegsdienstverweigerer aufzunehmen. [...] Das Missverhältnis zwischen der Zahl der Kriegsdienstverweigerer und der Zahl der im Zivildienst zur Verfügung stehenden Plätze dürfte sich weiter verschärfen. Daraus folgt, dass sich bei der gegenwärtigen Lage eine erhebliche Zahl von Wehrpflichtigen durch Abgabe der Erklärung nach § 25a, Absatz 1 WpflG sowohl dem Wehrdienst als auch dem Ersatzdienst entziehen kann, wobei der Anreiz zur missbräuchlichen Berufung auf Artikel 4 Abs. 3 GG um so größer wird, je mehr die Aussichten, durch eine solche Erklärung auch dem Ersatzdienst zu entgehen, steigen. Diese Entwicklung läuft der an sich verfassungsrechtlich unbedenklichen Zielsetzung des Gesetzgebers, das herkömmliche Anerkennungsverfahren durch ein nach seinen Vorstellungen geeignete Alternative zu ersetzen, geradezu entgegen. [...] Die Entscheidung ist einstimmig ergangen.

(Urteil des Bundesverfassungsgerichts vom 31.11.1977, BVerfGE 42, S. 26 ff.)

Die Folge dieses Richterspruches war, dass die alte Regelung unmittelbar nach der Urteilsverkündung wieder in Kraft trat und bis heute gültig ist.

1 Gib die wesentlichen Aspekte des Urteils in eigenen Worten wieder.

____

____

____

____

2 Schaue dir den „Verfassungsgerichtsartikel" 93, Absatz 2 GG genau an. Welche Kompetenzen werden dem BVerfG hier eindeutig zugeschrieben?

____

____

____

____

3 Schreibe einen kritischen Kommentar zu dem Wehrdiensturteil unter der Fragestellung, ob das Verfassungsgericht hier seine Befugnisse überschritten hat.

Name: Klasse: Datum:

Das „Kopftuch-Urteil“

Ursächlich war die Klage einer muslimischen Lehrerin, der die Aufsichtsbehörde untersagt hatte, während des Unterrichts ein Kopftuch zu tragen. Es gab die knappste mögliche Entscheidung, denn drei der acht Richter veröffentlichten ein abweichendes Minderheitenvotum.

Aus dem Mehrheitsvotum:

Jedem Deutschen ist nach Maßgabe seiner Eignung, Befähigung und fachlichen Leistung gleicher Zugang zu jedem öffentlichen Amt eröffnet. Dabei ist ein Zusammenhang zwischen der Zulassung zu öffentlichen Ämtern und dem religiösen Bekenntnis ausgeschlossen. Das Tragen eines Kopftuchs in Schule und Unterricht fällt unter den Schutz des Grundrechts der Glaubensfreiheit. Mit diesem Grundrecht treten neben dem staatlichen Erziehungsauftrag die Verfassungsgüter des elterlichen Erziehungsrechts und die negative Glaubensfreiheit der Schulkinder in Widerstreit. [...] Indem die Beschwerdeführerin durch das Tragen des Kopftuchs in Schule und Unterricht die Freiheit in Anspruch nimmt, ihre Glaubensüberzeugung zu zeigen, wird die negative Glaubensfreiheit der Schülerinnen und Schüler, nämlich kultischen Handlungen eines nicht geteilten Glaubens fernzubleiben, berührt. In einer Gesellschaft mit unterschiedlichen Glaubensüberzeugungen gibt es allerdings kein Recht darauf, von Bekundungen, kultischen Handlungen und religiösen Symbolen eines fremden Glaubens verschont zu bleiben.

Aus dem Minderheitenvotum:

Der Grundrechtsschutz für Beamte ist funktionell begrenzt. Wer Beamter wird, stellt sich in freier Willensentschließung auf die Seite des Staates. Beamtete Lehrer genießen bereits vom Ansatz her nicht denselben Grundrechtsschutz wie andere: Sie sind vielmehr an Grundrechte gebunden, weil sie teilhaben an der Ausübung öffentlicher Gewalt. Die Dienstpflicht des Beamten ist die Kehrseite der Freiheit desjenigen Bürgers, dem die öffentliche Gewalt in der Person des Beamten gegenübertritt. Mit Dienstpflichten sichert der Staat in seiner Binnensphäre die gleichmäßige, gesetzes- und verfassungstreue Verwaltung. Mit dem freiwilligen Eintritt in das Beamtenverhältnis entscheidet sich der Bewerber in Freiheit für die Bindung an das Gemeinwohl und die Treue zu einem Dienstherrn. [...] Nach diesen Maßstäben ist das kompromisslose Tragen des Kopftuchs im Schulunterricht mit dem Mäßigungs- und Neutralitätsgebot eines Beamten nicht vereinbar.

(Urteil des BVerfG vom 24.9.2003 – 2 BvR 1436/02)

1 Gib die wesentlichen Aspekte des Urteils in eigenen Worten wieder.

2 Schaue dir den „Verfassungsgerichtsartikel“ 93, Absatz 2 GG genau an. Welche Kompetenzen werden dem BVerfG hier eindeutig zugeschrieben?

3 Welchem der beiden Urteile schließt du dich an? Begründe deine Meinung auf der Blattrückseite.

Name: Klasse: Datum:

Hat das Verfassungsgericht zu viel Macht?

Der Einfluss der Verfassungsrichter auf die Rechtspolitik zeigt sich nicht nur, wenn die Richter ein Gesetz für verfassungswidrig erklären – sei es im Rahmen ihrer Kompetenzen, sei es durch Überschreitung ihrer Kompetenzen. Schon während des Gesetzgebungsprozesses orientieren sich die Bundestagsabgeordneten an früheren oder zu erwartenden Entscheidungen des Verfassungsgerichts. Zumeist beauftragen die Politiker wiederum Juristen, die die einschlägigen Entscheidungen bis ins Detail interpretieren müssen. Die Sachverständigen betreiben dann nicht selten „Karlsruhe-Astrologie“ – so der ehemalige Verfassungsrichter Martin Hirsch. Sowohl diese Antizipation verfassungsgerichtlicher Entscheidungen durch die Parlamentarier als auch Kompetenzüberschreitungen der Verfassungsrichter tragen zu einer Verrechtlichung von Politik bei, die vom Rechtsstaatsgedanken her nicht erforderlich ist. [...] Immer mehr politische Entscheidungen werden auf die Justiz verlagert. Am Beispiel des Verhältnisses von Parlament und Verfassungsgericht kann man verfolgen, dass Rechtspolitik immer häufiger in Karlsruhe und im Blick auf Karlsruhe entschieden wird.

(Ch. Landfried, Funk-Kolleg Politik Bd. 2, Frankfurt 1989, S. 234)

1 Informiere dich (z. B. im Internet unter www.bverfg.de) über den Sitz des Verfassungsgerichts und den beruflichen Werdegang eines Verfassungsrichters (hier hilft dir auch Artikel 94 GG).

2 Schau dir genau den Artikel 93 GG an. Welche Aufgaben hat das BVerfG? Fertige auf einem extra Blatt eine knappe tabellarische Übersicht an.

3 Erläutere in eigenen Worten den Begriff „Karlsruhe-Astrologie“.

4 Was will die Karikatur kritisieren? Nimm schriftlich Stellung zu ihrer Aussage.

Name: Klasse: Datum:

Die Not der Vernehmer

Der Staatsanwalt ermittelt wegen der Verhörmethoden bei der Entführung Jakob von Metzlers – wie weit Polizisten gehen dürfen

Stellen Sie sich vor, Sie sind Vernehmungsbeamter. Vor Ihnen sitzt der Verdächtige, und irgendwo da draußen in einem Erdloch ist das Kind gefangen, das er entführt hat. Wenn Sie es nicht finden, droht es zu sterben, an Durst, Kälte oder Verletzungen. Dieser Mann weiß genau, wo es ist. Aber er sagt es nicht. Er lügt dreist, oder er beruft sich auf sein Recht, die Aussage zu verweigern. Und die Zeit läuft Ihnen davon.

Dürfen Sie sich, um das Kind zu retten, auf einen „übergesetzlichen Notstand" berufen – und das Versteck aus ihm herausprügeln, ihm ein Wahrheitsserum einflößen, ihm zumindest mit all dem drohen?

(Süddeutsche Zeitung, 19.2.2003)

Dieses Beispiel ist – zugegebenermaßen – ein sehr drastisches, aber dennoch nicht erfunden. Die Frankfurter Ermittler befanden sich im Jahr 2002 exakt in dieser Situation.

1 Trage auf einem extra Blatt in Tabellenform alle Argumente zusammen, die *für* das Recht des Verdächtigen auf Aussageverweigerung sprechen, und stelle ihnen die *dagegen* sprechenden Gesichtspunkte gegenüber.

2 Der damalige Polizeipräsident von Frankfurt hatte sich eindeutig entschieden – in einer Aktennotiz schrieb er: „Füge dem Verdächtigen Schmerzen zu und versuche den Aufenthaltsort herauszufinden." Stelle dir vor, du müsstest den Angeklagten in einem Prozess verteidigen und hättest Kenntnis von dieser Aktennotiz: Wie würdest du argumentieren?

3 Die Bundesrepublik Deutschland hat die UNO-Konvention zum Schutz der Menscherechte durch Gesetz von 1952 ratifiziert (in Kraft gesetzt). Darin findet sich folgender Satz:

Niemand darf der Folter oder unmenschlicher oder erniedrigender Strafe oder Behandlung unterworfen werden.

Wie beurteilst du den Fall Jakob von Metzlers unter diesem Aspekt?

Name: Klasse: Datum:

Verfassungsbeschwerde erfolglos

Die Verfassungsbeschwerde (Vb) des wegen Mordes zu lebenslanger Freiheitsstrafe verurteilten Beschwerdeführers (Bf), der sich gegen die Entscheidungen des Landgerichts und des Bundesgerichtshofs wandte, ist von der 3. Kammer des Zweiten Senats des Bundesverfassungsgerichts nicht zur Entscheidung angenommen worden.

Sachverhalt:
Der Bf wurde wegen der Entführung und Ermordung eines 11-jährigen Kindes vom Landgericht zu lebenslanger Freiheitsstrafe verurteilt, wobei das Gericht die besondere Schwere der Tat feststellte. Das bedeutet, dass die übliche Begnadigung nach 15 oder mehr Jahren nicht mehr möglich ist.
Zu Beginn der Hauptverhandlung hatte das Landgericht festgestellt, dass frühere Aussagen des Bf, die dieser im Ermittlungsverfahren gemacht hatte, wegen des Einsatzes einer verbotenen Vernehmungsmethode nicht verwertbar seien. Die Verurteilung stützte sich maßgeblich auf ein Geständnis, das der Bf erst in der Hauptverhandlung abgelegt hatte.
Mit seiner gegen die gerichtlichen Entscheidungen erhobenen Vb rügt der Bf die Verletzung seiner Menschenwürde (Artikel 1 Abs. 1 GG) sowie des Misshandlungsverbots (Artikel 104 Abs. 1 Satz 2 GG).

(Pressemitteilung v. 14.12.2004; www.bundesverfassungsgericht.de/entscheidungen)

1 Auf welche Bestimmung des Artikels 93 GG beruft sich der Beschwerdeführer?

2 Welche Gründe führt der Beschwerdeführer für seine Verfassungsbeschwerde an?

3 Was wollte er wahrscheinlich erreichen?

4 Wie beurteilst du diesen Fall?

Name: Klasse: Datum:

Das Gebot der Gleich- und Ungleichbehandlung

Der gesetzliche Grundsatz lautet: „Gleiches muss seinem Wesen nach gleich, Ungleiches ungleich behandelt werden.“ Ungleichbehandlungen sind also dort notwendig, wo sachliche Gründe diese rechtfertigen, wo also die Bürger in verschiedenen Lebenslagen betroffen werden, sodass sie nicht gleich behandelt werden können. Daher muss sich der Gesetzgeber bei jeder Entscheidung zwingend fragen, wo Ungleich- oder Gleichbehandlungen vorliegen, ob die geregelten Fälle sachlich gleich oder ungleich behandelt werden dürfen.
Auf dieser Basis hat das BVerfG zur Gleichbehandlung von Männern und Frauen ausgeführt:

„Eine unterschiedliche Behandlung von Mann und Frau ist dann gerechtfertigt, wenn der biologische Geschlechtsunterschied den Lebenssachverhalt so entscheidend prägt, dass vergleichbare Elemente daneben vollkommen zurücktreten.
Die Unanwendbarkeit des Artikels 3, Absatz 2 und 3 ist offensichtlich, wenn der zu ordnende Lebenstatbestand überhaupt nur in einem Geschlecht verwirklicht werden kann. Zum Beispiel kann der Mann, da nur die Frau Mutter wird, durch Bestimmungen zum Schutz der Mutter niemals im Rechtssinn bevorzugt oder benachteiligt werden. Deshalb spielt die Gleichberechtigung keine Rolle im gesamten Gebiet des Mutterschutzes.“

(Nach: Hans-G. Pieper, Grundrechte. 9. Auflage © 2000 by Verlag Alpmann und Schmidt, Münster)

1 Erläutere in eigenen Worten und anhand von Beispielen: Was ist für dich gleich, was ist für dich ungleich?

____

____

____

____

2 Solange also Männer nicht schwanger werden und Kinder bekommen können, bleibt unter diesem Aspekt die Ungleichbehandlung aufrechterhalten. Findest du das in Ordnung? Bitte begründe schriftlich.

____

____

____

____

3 Schreibe einen Zeitungskommentar zu diesem Thema. Es bleibt dir überlassen, ob du für oder gegen eine „völlige“ Gleichberechtigung im Beruf argumentierst.

____

____

____

____

____

____

Name: Klasse: Datum:

Frauen in der Bundeswehr

Bis heute haben Deutschlands oberste Richter und Grundgesetzkommentatoren Frauen daran gehindert, als Berufssoldaten in der Bundeswehr Dienst mit der Waffe tun zu können. Frauen konnten nur im Musik- und Sanitätscorps berufliche Karriere machen. Die Begründung lautete mit Bezug auf das auf KV 15 zitierte Urteil des Bundesverfassungsgerichts, dass Frauen von Natur aus dazu bestimmt seien, Leben zu bekommen und zu pflegen und nicht dazu, es zu töten. Der Soldatenberuf bringe daher für Frauen eine unzumutbare Belastung mit sich, der das weibliche Geschlecht auf keinen Fall ausgesetzt werden dürfe. Die Ungleichbehandlung sei daher zwingend geboten und wurde sowohl in das Grund- als auch in das Soldatengesetz aufgenommen:

Grundgesetz Artikel 12a, Absatz 4:
Kann im Verteidigungsfall der Bedarf an zivilen Dienstleistungen [...] nicht auf freiwilliger Grundlage gedeckt werden, so können Frauen [...] zu derartigen Dienstleistungen herangezogen werden. Sie dürfen auf keinen Fall Dienst mit der Waffe leisten.

Soldatengesetz §1:
Der Soldat kann auf Grund freiwilliger Verpflichtung [...] in das Dienstverhältnis eines Berufssoldaten oder eines Soldaten auf Zeit berufen werden. Frauen jedoch nur für die Laufbahn der Offiziere des Sanitäts- und Militärmusikdienstes.

1 Was hältst du von dieser Einschätzung des ‚weiblichen Wesens' durch Deutschlands Juristen? Entwirf einen offenen Brief an den Verteidigungsminister.

____

____

____

2 In einem Aufsehen erregenden Urteil hat der Europäische Gerichtshof im Jahr 2000 diese Regelung als sachlich und juristisch ungerechtfertigt bezeichnet. Die Bundeswehr wurde durch dies Urteil dazu gezwungen, den § 1 des Soldatengesetzes zu ändern. – Frauen haben seitdem als Berufssoldaten in der Bundeswehr die gleichen Chancen wie Männer. Wie beurteilst du diese Neuregelung grundsätzlich?

____

____

____

____

3 Erörtere, ob der Gesetzgeber auf der Basis dieser Entwicklung nicht auch eine Wehrpflicht für Frauen einführen sollte.

____

____

____

____

Name: Klasse: Datum:

Artikel 5: Presse- und Medienfreiheit

> Jeder hat das Recht, seine Meinung in Wort, Schrift und Bild frei zu äußern und zu verbreiten und sich aus allgemein zugänglichen Quellen ungehindert zu unterrichten. Die Pressefreiheit und die Freiheit der Berichterstattung durch Rundfunk und Film werden gewährleistet. Eine Zensur findet nicht statt. [...]

Nach der Wiedervereinigung wurde 1992/93 eine „Gemeinsame Verfassungskommission“ von Bundestag und Bundesrat eingerichtet, die Vorschläge zur Reform des Grundgesetzes ausarbeiten sollte. Unter vielen anderen wurde auch der Vorschlag diskutiert (und dann allerdings mehrheitlich abgelehnt), den Artikel 5 GG um den Satz „Die innere Ordnung der Medien muss demokratischen Grundsätzen entsprechen.“ zu ergänzen.

1 Was bedeutet es, wenn die innere Ordnung einer Organisation demokratischen Grundsätzen entspricht? Wie sähe dagegen eine Ordnung nach „undemokratischen Grundsätzen“ aus?

Demokratische Ordnung	Undemokratische Ordnung

2 Informiere dich über folgende Sachgebiete: Wie ist die innere Ordnung des Unternehmens, in dem deine lokale Tageszeitung erscheint? Oder wie ist sie z. B. bei der „Bildzeitung“, dem Magazin „Spiegel“, dem -Privatsender Sat 1, dem ZDF? Trage deine Informationen auf einem extra Blatt zusammen.

3 Welche Konsequenzen hätte die Realisierung des oben genannten Vorschlags zur Ergänzung des Artikels 5 GG gehabt?

Name: Klasse: Datum:

Das „Heidemörder-Urteil“

Die Beschwerdeführerin – ein Presseverlag aus Hamburg – hatte im Juli 1997 in ihrer Zeitschrift drei Fotos von der standesamtlichen Trauung eines zu lebenslanger Haft verurteilten Straftäters („Heidemörder“) mit seiner früheren Therapeutin veröffentlicht. Die Stadt Hamburg hatte Medienvertreter von der Trauung, die in einer Hamburger Haftanstalt stattgefunden hat, ausgeschlossen und lediglich zugelassen, dass ein Anstaltsbediensteter drei Polaroid-Fotos fertigte. Diese waren dem Straftäter als private Erinnerungsfotos ausgehändigt worden. Bei den von der Beschwerdeführerin veröffentlichten Bildern handelt es sich um Ablichtungen dieser Polaroid-Fotos. Auf die Klage der Stadt Hamburg verurteilte das Landgericht die Beschwerdeführerin, Auskunft darüber zu geben, von wem sie die drei Fotos erhalten habe. Dieses Urteil wurde in der Berufungsinstanz vom Oberlandesgericht bestätigt. Gegen beide Urteile erhob die Beschwerdeführerin Verfassungsbeschwerde und rügte eine Verletzung der Pressefreiheit (Artikel 5 Absatz 1 GG).

(Nach: Entscheidung des BVerfG vom 28.5.1999 – 1 BvR 77/99)

1 Informiere dich in einem Lexikon oder im Internet über das „Zeugnisverweigerungsrecht für Journalisten“ und erläutere schriftlich, welche Bedeutung dieses Recht für die Arbeit eines Journalisten hat.

2 Formuliere ein ausführliches Urteil des BVerfG zu diesem Fall, in dem du eindeutig einer der beiden Parteien Recht gibst. (Über die tatsächliche Entscheidung des BVerfG kann dir dein Lehrer oder deine Lehrerin Auskunft geben.)

Name: Klasse: Datum:

Recht auf Gegendarstellung

Im Juli 1996 brachte die Zeitschrift *das neue schnell und aktuell* folgende Schlagzeile auf ihrer Titelseite:

„Dieses Glück ist mir mehr wert als alle Medaillen“
Franzi van Almsick
Traumhochzeit mit ihrem Freund Steffen

Almsick klagte daraufhin gegen den Bauer-Verlag (Eigentümer und Herausgeber der Zeitschrift). Dieser wurde schließlich rechtskräftig dazu verurteilt, eine Gegendarstellung auf der Titelseite abzudrucken. Der Bauer-Verlag sah sich in seinem Grundrecht auf Pressefreiheit beeinträchtigt und bestand darauf, über die Positionierung der Gegendarstellung selbst zu bestimmen. Er erhob Verfassungsbeschwerde unter Berufung auf Artikel 5 GG. Es kam zu einem Urteil des BVerfG.

1 Beschreibe in eigenen Worten genau, worum es bei dieser Verfassungsbeschwerde ging. Um das grundsätzliche Recht auf Gegendarstellung oder um mehr? Wieso ist dieses „mehr“ wichtig?

In dem Urteil heißt es unter anderem:

„Der Einzelne muss vor Gefahren geschützt werden, die ihm durch die Erörterung seiner persönlichen Angelegenheiten in der Presse drohen.
(Es gibt eine) [...] überlegene Reichweite und Einflusskraft der Presseberichterstattung, der der Betroffene, dem seine Angelegenheiten unzutreffend dargestellt scheinen, in der Regel nicht mit Aussicht auf dieselbe publizistische Wirkung entgegentreten kann. Dem Gesetzgeber obliegt daher eine aus dem allgemeinen Persönlichkeitsrecht folgende Schutzpflicht, den Einzelnen wirksam gegen Einwirkungen der Medien auf seine Individualsphäre zu schützen.
Ferner begegnet es keinen verfassungsrechtlichen Bedenken, dass der Anspruch auf Gegendarstellung nicht das Vorliegen einer Ehrverletzung voraussetzt. Denn das Persönlichkeitsbild einer Person kann auch durch Darstellungen beeinträchtigt werden, die ihre Ehre unberührt lassen.

(Urteil des BVerfG vom 14. 1. 1998 – 1 BvR 1861/93)

2 Erläutere die Aussagen des Urteils – vielleicht sind dir ja auch ähnlich gelagerte Fälle bekannt, in denen die Presse in das Privatleben von „Promis“ eingedrungen ist. Wie ist der letzte Satz zu interpretieren?

Weiter heißt es in dem Urteil: Die Gegendarstellung zwingt die Presse aber im Unterschied zu Widerruf und Richtigstellung nicht, von ihrer Sicht der Dinge abzurücken.

3 Erkläre: Was ist der presserechtliche Unterschied von Gegendarstellung einerseits, Widerruf und Richtigstellung andererseits? Ist dieser Unterschied für die Pressefreiheit von Bedeutung?

Name: Klasse: Datum:

Medienfreiheit und Menschenwürde

Spaß-TV oder Schundprogramm?

Kakerlaken, Wasserspinnen und Blutegel: In der RTL-Dschungel-Show buhlen Prominente wie der ehemalige „Superstar“-Teilnehmer Daniel Küblböck oder Ex-Tagesschau-Sprecherin Susan Stahnke um die Gunst des Publikums. Die Zuschauer bestimmen per Telefon, welcher Promi sich etwa in einem „Terror-Aquarium“ von handtellergroßen Wasserspinnen bekrabbeln lässt oder in einem Meer von Kakerlaken baden geht. Mit Erfolg: Rund acht Millionen Zuschauer schalten täglich ein.

(Weser-Kurier, 17.1.2004)

1 Auch wenn alle in dieser Show mitwirkenden Prominenten dies freiwillig taten, stellt sich doch grundsätzlich die Frage, ob Sendungen dieser Art das Prinzip der Menschenwürde (Artikel 1 GG) verletzen. Liste zunächst einmal tabellarisch Stichpunkte auf, die für und gegen solch eine Sendung sprechen. Schreibe dann auf ein extra Blatt eine ausführliche Erörterung unter dem Titel „Medienfreiheit und Menschenwürde“.

Pro	**Kontra**

2 Entwirf ein satirisch übersteigertes Szenario, das die Entwicklung dieser Art von Fernsehshows in den nächsten Jahrzehnten skizziert.

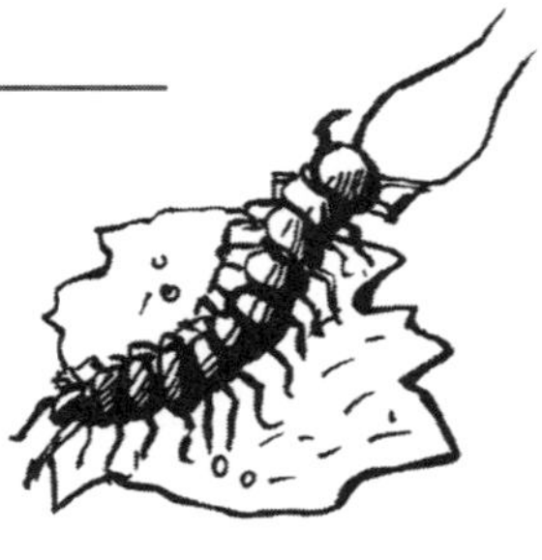

Name: Klasse: Datum:

Der Kannibalismus-Prozess

Anfang 2004 gab es einen extremes Aufsehen erregenden Prozess: Ein Mann hatte einen anderen auf dessen ausdrückliches Verlangen getötet und anschließend Teile der Leiche aufgegessen.
Nach der Urteilsverkündung textete die Bild-Zeitung in gewohnter Manier:

> Kannibale Armin M. starrte ins Leere, als der Richter das Wort ergriff. Als der Menschenfresser dann das Urteil hörte, legte sich ein Lächeln auf sein Gesicht. „Der Angeklagte ist des Totschlags schuldig. Er wird zu einer Haftstrafe von acht Jahren und sechs Monaten verurteilt“, sagte Richter Volker Mütze.
> Totschlag? Ist es kein Mord, wenn man einen Menschen abschlachtet, portioniert und die Rippen seines Opfers zum guten Glas Rotwein grillt?
> Der Richter: „Wir bewegen uns rechtlich in einem Randbereich des Strafrechts. Es liegt eine irrationale Handlungsweise von Täter und Opfer vor. […]“
> Warum wurde der Kannibale nicht wegen Mordes verurteilt?“
> Der Richter: „Mord kommt nicht in Frage, da die dafür notwendigen Merkmale nicht vorliegen. Der Angeklagte hat sein Opfer nicht zur Befriedigung des Geschlechtstriebs getötet. Dem Angeklagten ist es darum gegangen, mit einem anderen Menschen über das Aufessen eine möglichst enge Bindung einzugehen. Dabei ging es ihm nicht um Lust und Sex, sondern um Sicherheit und Geborgenheit.“
> Beihilfe zur Selbsttötung? Der Richter: „Scheidet aus, da spätestens zum Zeitpunkt der Bewusstlosigkeit des Opfers die Initiative voll beim Angeklagten lag.“
> Tötung auf Verlangen? „Scheidet ebenfalls aus. Zwar hat das Opfer ein Todesverlangen geäußert, aber wegen seiner seelischen Abartigkeit war seine Fähigkeit, das Irrationale seines Verhaltens zu erkennen, erheblich eingeschränkt.“

(Bild-Zeitung, 31.1.2004)

1 „Kannibalismus“ ist als Straftat im Strafgesetzbuch nicht verzeichnet. Was bedeutete das für den Strafprozess gegen Armin M.? Denke an den Grundsatz *nulla poena sine lege*.

2 Kannst du dir vorstellen, warum „Kannibalismus“ nicht als Straftat im Strafgesetzbuch auftaucht?

3 Wie beurteilst du die Objektivität der Bild-Zeitung dem Angeklagten gegenüber – insbesondere in den ersten fünf Zeilen des Artikels?

Name: Klasse: Datum:

Test

Im Entenhausener Tagblatt findet sich am 8. 5. 2009 folgende Meldung:

Das bekannte Ausflugs- und Balllokal „Zum schwarzen Schwan" bis auf die Grundmauern niedergebrannt

In der Nacht vom 8. auf den 9. April 2009 ist das Gasthaus „Zum schwarzen Schwan" völlig ausgebrannt. Die Feuerwehr konnte das Gebäude nicht mehr retten.
Der Brand brach in der Nacht gegen 12.30 Uhr aus. Es hielten sich aber keine Menschen mehr in dem Gebäude auf, sodass niemand zu Schaden kam.
Die Polizei geht von Brandstiftung aus, weil an der Brandstelle Brandschleuniger gefunden wurden. Der Besitzer des Lokals, Gustav G., gilt als hoch verschuldet, das Lokal warf schon seit längerer Zeit keinen Gewinn mehr ab. Nach eigenen Angaben habe er die Nacht bei einer Bekannten verbracht. Er gilt dennoch als Hauptverdächtiger, da den ermittelnden Kriminalbeamten der Tonbandmitschnitt eines Telefongespräches aus anonymer Quelle zugespielt worden sei, in dem Gustav G. seiner Mutter meldet, die „Sache Schwarzer Schwan" sei ordnungsgemäß erledigt. Auch G's Muter ist finanziell an dem Lokal beteiligt. Den Schaden schätzt die Polizei auf rund eine Million Euro.

Auszug aus dem Strafgesetzbuch:

§ 306 Brandstiftung
(1) Wer fremde
1. Gebäude oder Hütten,
2. Betriebsstätten oder technische Einrichtungen, namentlich Maschinen,
3. Warenlager oder -vorräte,
4. Kraftfahrzeuge, Schienen-, Luft- oder Wasserfahrzeuge,
5. Wälder, Heiden oder Moore oder
6. land-, ernährungs- oder forstwirtschaftliche Anlagen oder Erzeugnisse in Brand setzt oder durch eine Brandlegung ganz oder teilweise zerstört, wird mit Freiheitsstrafe von einem Jahr bis zu zehn Jahren bestraft.

(2) In minder schweren Fällen ist die Strafe Freiheitsstrafe von sechs Monaten bis zu fünf Jahren.

§ 306a Schwere Brandstiftung
(1) Mit Freiheitsstrafe nicht unter einem Jahr wird bestraft, wer
1. ein Gebäude, ein Schiff, eine Hütte oder eine andere Räumlichkeit, die der Wohnung von Menschen dient,
2. eine Kirche oder ein anderes der Religionsausübung dienendes Gebäude oder
3. eine Räumlichkeit, die zeitweise dem Aufenthalt von Menschen dient, zu einer Zeit, in der Menschen sich dort aufzuhalten pflegen, in Brand setzt oder durch eine Brandlegung ganz oder teilweise zerstört.

(2) Ebenso wird bestraft, wer eine in § 306 Abs. 1 Nr. 1 bis 6 bezeichnete Sache in Brand setzt oder durch eine Brandlegung ganz oder teilweise zerstört und dadurch einen anderen Menschen in die Gefahr einer Gesundheitsschädigung bringt.
(3) In minder schweren Fällen der Absätze 1 und 2 ist die Strafe Freiheitsstrafe von sechs Monaten bis zu fünf Jahren.

1 Gegen Gustav G. wird ein Strafverfahren wegen Brandstiftung eingeleitet. Stützt sich die Anklage auf § 306 oder § 306a StGB? Begründe.

___

___

___

2 Findet der Prozess erstinstanzlich vor dem Amtsgericht Entenhausen oder dem zuständigen Landgericht statt?

___

___

___

___

Name: Klasse: Datum:

Test

Während des Prozesses wird folgendes klar: Die Bekannte von G. sagt aus, er sei erst gegen kurz nach ein Uhr zu ihm gekommen. Der Sachverständige, der die Brandstätte untersucht hat, kann die Brandstiftung nicht eindeutig bestätigen, es gäbe eine geringe Wahrscheinlichkeit, dass der Brand natürliche Ursachen habe. Dennoch verurteilt das Gericht Gustav G. zu einer Freiheitsstrafe von 5 Jahren und 6 Monaten – die Verurteilung basiert hauptsächlich auf dem Mitschnitt des Telefongesprächs, das das Gericht als eindeutigen Beleg für die Brandstiftung sieht.

In der Berufungsverhandlung wird das Urteil bestätigt, daraufhin beantragen Gustav G. und sein Verteidiger Revision, da es nach ihrer Meinung einen groben Verfahrensfehler gegeben hat.

3 Vor welchen Gerichtsinstanzen finden Berufung und Revision statt?

4 Was ist deiner Meinung nach der Verfahrensfehler, auf den sich G. beruft?

5 Wie wird deiner Meinung nach das Revisionsverfahren ausgehen und welche Konsequenzen wird die Entscheidung haben? Begründe deine Meinung.

6 In Deutschland muss jedes Gebäude gegen Brand versichert sein. Die Brandschutzversicherung braucht aber bei erwiesener Brandstiftung nicht zu zahlen. Was also wird mit der Brandruine geschehen, solange kein rechtskräftiges Urteil gegen G. vorliegt?

Lösungen

KV 1, S. 17

Aufgabe 1:

- Beträgt die Blutalkoholkonzentration 0,5 Promille oder mehr, so begeht der Fahrer die Ordnungswidrigkeit des § 24a StVG. Die Sanktionen sind nicht nur Geldbuße (Regelsatz 500 €), sondern ebenfalls auch ein Fahrverbot zwischen einem und drei Monaten sowie vier Punkte im Verkehrszentralregister, bei Wiederholungstätern folgt eine Vorladung zur medizinisch-psychologischen Untersuchung.
- Vorgeschriebene Sicherheitsgurte müssen während der Fahrt angelegt sein.
- Wer durch Fahrlässigkeit die Körperverletzung einer anderen Person verursacht, wird mit Freiheitsstrafe bis zu drei Jahren oder mit Geldstrafe bestraft.
- Die Entziehung der Fahrerlaubnis ist eine verwaltungsrechtliche Maßnahme oder eine strafrechtliche Maßregel der Besserung und Sicherung. Im Unterschied zu einem Fahrverbot, das lediglich ein ein- bis dreimonatiges Verbot beinhaltet, Kraftfahrzeuge zu führen, führt die Entziehung zu einem zunächst endgültigen Zustand. Auch nach Ablauf einer etwaigen Sperre wird die Fahrerlaubnis nicht automatisch neu erteilt.

Aufgabe 2:

Stichpunkte für die Schüler könnten sein:

- Schaden an Herbert W.s Fahrzeug
- Schaden an dem Baufahrzeug und evtl. anderen Materialien der Baufirma
- Krankenhaus- und Arztkosten von Marianne G.
- Die weiteren Berufsmöglichkeiten des Taxifahrers (drohender Führerscheinentzug)
- Die weiteren Berufsmöglichkeiten der Kommunikationswirtin Marianne G. (Schnittwunden/Narben im Gesicht)
- Schmerzensgeld für Marianne G.

KV 2, S. 18

Aufgabe 1:

Der Prozess könnte folgendermaßen verlaufen:

- Verlesung der Anklageschrift
- Befragung des Angeklagten
- Vernehmung der Zeugen (im Fall Herbert W. die Polizeibeamten, der Baustellenleiter, Marianne G. und evtl. weitere Zeugen, die Angaben zur Person Herbert W. bzw. zum Verlauf des Abends machen können)
- Befragung der Gutachter bzw. Verlesung der Gutachten (in unserem Fall z.B. der Arzt, der die Blutprobe entnahm, ein Verkehrssachverständiger, der die Baustellenbeleuchtung überprüft hat, ein Arzt, der die Schwere der Verletzung vom Marianne G. darstellt)
- Plädoyers des Staats- und des Rechtsanwalts
- Letzte Möglichkeit für den Angeklagten, sich zur Tat zu äußern
- Beratung des Schöffengerichts
- Verkündung des Urteils

Aufgabe 2:

Die Schuld Herbert W's ist deutlich größer, der Baustellenleiter hat sich nur wegen mangelnder Sorgfaltspflicht zu verantworten.

Aufgabe 3:

Die Strafe muss nicht verbüßt werden, wenn der Angeklagte in einem genau angegebenen Zeitraum keine weiteren Straftaten begeht. Die Maßnahme dient der Resozialisierung.

KV 3, S. 20

Aufgabe 1:

Berufung bedeutet: Neuverhandlung des gesamten Prozesses vor der nächsthöheren Gerichtsinstanz. Die Berufungsverhandlung endet mit einem neuen Urteil.

Aufgabe 2:

Revision bedeutet: Prüfung auf Verfahrensfehler durch höhere Instanz. Wenn das höhere Gericht zu der Auffassung gelangt, es seien Verfahrensfehler aufgetreten, wird der Fall an das untere Gericht zurück überwiesen.

Lösungen

Aufgabe 3:
Weil das Strafmaß sonst nur gleich oder niedriger ausfallen kann.

Aufgabe 4:
Beide Seiten haben das Urteil angenommen, es tritt endgültig in Kraft.

Aufgabe 5:
Untere, mittlere, obere Instanz, es gibt noch den Bundesgerichtshof als Revisionsinstanz für Strafprozesse, die erstinstanzlich vor dem Landgericht stattfinden.

KV 4, S. 21

Aufgabe 1:
Die Baufirma wird Herbert W. für die in der Baustelle und dem Baufahrzeug entstandenen Schäden haftbar machen und Recht bekommen.

Aufgabe 2:
Marianne G. wird Schmerzengeld beantragen und auf ihren Beruf (Kommunikationswirtin) hinweisen, bei dem sie mit Menschen umgehen muss. Der Richter wird ihr eine Teilschuld zubilligen, da sie nicht angeschnallt war und die Verletzungen im angeschnallten Zustand gar nicht oder nicht so schwer gewesen wären – das geforderte Schmerzensgeld wird daher (viel) geringer ausfallen.

Aufgabe 3:
Erst muss die Schuld von Herbert W. genau geklärt sein, dann kann es zivilrechtliche Entscheidungen geben.

Aufgabe 4:
a Es geht um Streitigkeiten zwischen zwei oder mehr Personen oder Institutionen.
b Es werden keine Strafen ausgesprochen, sondern Entscheidungen gefällt.
c Exakt wie beim Strafprozess

KV 5, S. 22

Aufgabe 1:
Arbeitsgerichtsbarkeit, Sozialgerichtsbarkeit

Aufgabe 2:
Das Verwaltungsgericht wird in allen Fällen tätig, in denen Bürger gegen Maßnahmen klagen, die der Staat gegen sie verfügt hat – von einer Schulnote über den Steuerbescheid bis zum hier vorliegenden Fall.

Aufgabe 3:
Das verlangte Urteil muss die beiden Seiten des Einzelfalles (Beruf, hoher Punktestand – vgl. Kommentar) berücksichtigen.

KV 6, S. 23

Aufgabe 1:
Wenn Richter einen „normalen" Beamtenstatus hätten, unterlägen sie der Dienstaufsicht. Das würde bedeuten, dass Richter einen dienstlichen, disziplinarischen Vorgesetzten hätten, der sie kontrolliert und beurteilt. Dieser Vorgesetzte könnte den Richter aufgrund seiner Weisungsbefugnis anweisen, dienstliche Handlungen vorzunehmen oder auch zu unterlassen. Gegen diese Weisungen gibt es kein Widerspruchsrecht (es sei denn, die Weisung würde Gesetze, Vorschriften etc. unmittelbar verletzen).
Richter sind dagegen in ihrem Urteil unabhängig: Kein Richter ist der Verwaltung oder der Legislative gegenüber für seine Urteile verantwortlich (es sei denn, sie verstoßen unmittelbar gegen Gesetze).

Aufgabe 2:
Dies soll Eingriffe Unbefugter in die Rechtspflege verhindern und die Sachlichkeit und Unparteilichkeit der Gerichte schützen.

Aufgabe 3:
Wenn z. B. der Richter, der in einem Prozess gegen illegal demonstrierende Atomkraftgegner eingesetzt wird, selbst einer Antiatomkraftgruppe angehört, ist er evtl. befangen. In diesem Fall würde der Staatsanwalt einen Befangenheitsantrag stellen. Der Richter muss jederzeit vollkommen unabhängig von dem zu verhandelnden Fall sein und bei der Urteilsverkündung keine eigenen Interessen verfolgen können.

Aufgabe 4:
Ausnahmegerichte sind für einen speziellen Fall zusammengestellte Gerichte, die nicht unabhängig sind und keinen fairen Prozess ermöglichen. Der extremste Fall ist die Lynch- oder Selbstjustiz: Eine spontan sich zusammenfindende Gruppe ohne jede Legitimation fällt ein „Urteil" und vollstreckt es sofort.

KV 7, S. 24

Aufgabe 1:
Aus zwei Gründen:
- Um die Öffentlichkeit der Strafjustiz auch auf Richterseite zu gewährleisten.
- Um den unverstellten Blick, der nicht durch juristische Fachschulung u. Ä. verändert ist, zu garantieren.

Aufgabe 2:
In den unteren Instanzen, wo es um relativ „einfache" Fälle geht (und zudem die Möglichkeit der Berufung besteht), können die Laienrichter den Berufsrichter überstimmen, bei Fällen von schwerer Kriminalität, die erstinstanzlich vor dem Schwurgericht behandelt werden, haben die Berufsrichter die Mehrheit. In den oberen Instanzen ist umfangreiches juristisches Fach- und Spezialwissen erforderlich, hier wären Laien überfordert.

KV 8, S. 25

Aufgabe 1:
Eine lebenslange Haftstrafe kann frühestens nach 15 Jahren zur Bewährung ausgesetzt werden, da es nach deutscher Auffassung dem Prinzip der Menschenwürde widerspricht, einem Gefangenen die Hoffnung auf ein restliches Leben in Freiheit zu nehmen.

Aufgabe 2:
Strafe – Sicherungsverwahrung, an der Tafel könnte in etwa stehen:

Strafe	Sicherungsverwahrung
Bestraft werden kann man nur, wenn man etwas Verbotenes tatsächlich getan hat.	Wird verhängt für etwas, das man in Zukunft vielleicht tun könnte.

Aufgabe 3:
Eigentlich kann nach dem StGB jemand nur für etwas bestraft haben, was er tatsächlich getan hat (oder zumindest versucht hat zu tun). Die Sicherungsverwahrung aber gilt für Taten, die jemand vielleicht in Zukunft begehen könnte.

Aufgabe 4:

Pro Sicherungsverwahrung	Kontra Sicherungsverwahrung
Täterschutz: Das aus dem Prinzip der Menschenwürde hergeleitete Recht jedes Täters, nach Verbüßung seiner Strafe wieder in die Gesellschaft eingegliedert zu werden.	Opferschutz: Schutz des Opfers und der gesamten Gesellschaft vor der Gefahr einer Tatwiederholung durch den Täter im Falle seiner Freilassung.
Auch bei Ersttätern kann es den psychologischen Zwang zur Tatwiederholung geben, künftige potenzielle Opfer müssen geschützt werden.	Die Sicherungsverwahrung bei Ersttätern spricht jedem Resozialisierungsgedanken Hohn – ein Mensch, der ein einziges Mal etwas falsch gemacht hat, bekommt keine Chance auf Reintegration in die Gesellschaft.

Aufgabe 5:
Dem Beschwerdeführer wurde vom Verfassungsgericht Recht gegeben.

Aufgabe 6:
Da die Sicherungsverwahrung ohnehin nicht für „getane", sondern für eventuelle künftige Taten gilt, ist das Rückwirkungsverbot hier nur schlecht sinnvoll anzuwenden, da ja zu dem Zeitpunkt, an dem die Sicherungsverwahrung ausgesprochen wird, noch gar keine Taten vorliegen.

Lösungen

KV 9, S. 27

Aufgabe 1:
Art. 2/1 GG (Schutz des Lebens) gilt auch für das ungeborene Leben im Mutterleib. Daher ist eine generelle Erlaubnis zur Abtreibung in den ersten 12 Schwangerschaftswochen verfassungswidrig.

Aufgabe 2:
Mögliche Aussagen könnten z. B. sein:
- Keine Frau treibt ihr Baby gerne ab – die schwere Entscheidung erfolgt aus Gewissensnot und muss vom Gesetzgeber respektiert werden.
- Es gibt gewichtige persönliche Gründe für eine Abtreibung, die respektiert werden müssen.
- Das Baby kann auch z. B. die Folge einer Vergewaltigung sein.

Aufgabe 3:
Diese Indikationsregelung gilt bis heute, wird aber in den Bundesländern sehr unterschiedlich praktiziert (sehr streng in katholischen Ländern wie Bayern, sehr liberal in Stadtstaaten wie Bremen).

KV 10, S. 28

Aufgabe 1:
- Das Missverhältnis zwischen Wehrdienstleistenden und Wehrdienstverweigerern steigt an.
- Die Gefahr des Missbrauchs ist gegeben.
- Die Bundeswehr kann ihren Auftrag nicht mehr erfüllen.

Aufgabe 2:
Das BVerfG hat ausschließlich darüber zu wachen, ob ein neues Gesetz im Einklang mit der Verfassung steht oder nicht, alle weiteren juristischen oder politischen Überlegungen sind ihm nach Art. 93 GG untersagt.

Aufgabe 3:
Das BVerfG überschreitet hier seine Kompetenzen, weil es eine ganz und gar politische Frage zur Grundlage seiner Entscheidung macht:
Das BVerfG bemerkt dieses im Prinzip selbst (vgl. den vorletzten Satz), bleibt aber trotzdem bei seiner Entscheidung.

KV 11, S. 29

Aufgabe 1:
Mehrheitsvotum: Das Kopftuchtragen als religiöses Ritual verletzt zwar die negative Glaubensfreiheit (vgl. Aufgabe 2), dies ist aber in einer offenen Gesellschaft zu akzeptieren, da es unter den Schutz des Grundrechts der Glaubensfreiheit fällt.
Minderheitsvotum: Die Grundrechtsgarantie gilt für Beamte nur eingeschränkt, weil sie in einem besonderen Treueverhältnis zum Staat stehen (und dafür „belohnt" werden). Das Eintreten in das Beamtenverhältnis ist freiwillig. Das Kopftuchtragen als Symbol eines religiösen Bekenntnisses ist mit dem Beamtenverhältnis nicht zu vereinbaren.

Aufgabe 2:
Der Begriff der „negativen Glaubensfreiheit" bedeutet in diesem Zusammenhang: Schutz der Schüler vor Beeinflussung mit religiösen Symbolen und Riten, strenge religiöse Neutralität des Staates.

Aufgabe 3:
Lösung individuell

KV 12, S. 30

Aufgabe 1:
Das BVerfG hat seinen Sitz in Karlsruhe. Verfassungsrichter werden vom Bundestag und Bundesrat für 12 Jahre ernannt. Sie haben vorher eine juristische Karriere hinter sich gebracht und mindestens auf der Ebene der Oberlandesgerichte oder als Juraprofessor gearbeitet.

Aufgabe 2:
- Streitfälle zwischen den Bundesorganen (Bundestag, Bundesrat, Bundesregierung, Bundespräsident)
- Verhältnis von Bundes- und Landesrecht
- Ausführung der Bundesaufsicht über die Länderregierungen
- Verfassungsbeschwerden, die jeder einreichen kann, der meint, in einem seiner Grundrechte verletzt worden zu sein.

Aufgabe 3:
„Karlsruhe-Astrologie“ bedeutet: Auch wenn das BVerfG selten verabschiedete Gesetze nachträglich als verfassungswidrig deklariert und damit „kassiert“, ist sein tatsächlicher Einfluss auf die Politik ungleich viel höher, weil die Legislativorgane bereits während der Vorbereitung und Verabschiedung von Gesetzen den möglichen Einspruch des BVerfG berücksichtigen.

Aufgabe 4:
Die Karikatur spitzt die Aussagen aus Aufgabe 3 noch einmal zu: Ein Verfassungsrichter „dirigiert“ den Bundestag.

KV 13, S. 31

Aufgabe 1:
Mögliche Stichworte an der Tafel:

Täter:
- Berufung auf Art 93/4 GG
- Art 2 Gg Recht auf Leben und körperliche Unversehrtheit

Ermittler:
- Polizei glaubt, der Junge sei noch am Leben
- Der Junge droht zu ersticken und kämpft um sein Leben.
- Nur schnelles Vorgehen kann ihn vor dem Erstickungstod retten.
- Der Opferschutz hatte also in dieser speziellen Situation für die Polizeibeamten gegenüber dem Täterschutz absoluten Vorrang.

Aufgabe 2:
Ein mit Folterdrohung erpresstes Geständnis darf im Prozess nicht verwendet werden, es ist rechtlich nichtig.

Aufgabe 3:
Der Satz gilt natürlich auch für den Fall Jakob von Metzler! Aber davon unabhängig haben die Vernehmer rechtswidrig gehandelt und elementare Grundsätze des Rechtsstaates verletzt (und sind dafür auch bestraft worden). Ein eindeutig richtiges oder falsches Urteil gibt es hier allerdings nicht.

KV 14, S. 32

Aufgabe 1:
Auf Art. 93, Nr. 4a

Aufgabe 2:
Er sei in seiner Menschenwürde verletzt (Art. 1 GG) und das Misshandlungsverbot (Art. 104, Abs. 1 Satz 2 GG) sei nicht berücksichtigt worden.

Aufgabe 3:
Sein Ziel war ein „lebenslängliches“ Urteil ohne die Feststellung der „besonderen Schwere der Tat“, um eine spätere Begnadigung zu ermöglichen.

Aufgabe 4:
Hier ist kein eindeutig richtiges oder falsches Urteil möglich. Eindeutig aber ist, dass der Täter besonders grausam gehandelt hat und die spätere Folterdrohung diese Tat kein bisschen abmindert.

KV 15, S. 33

Lösungen individuell

KV 16, S. 34

Lösungen individuell

KV 17 S. 35

Aufgabe 1:

Demokratische Ordnung	Undemokratische Ordnung
Wählbarkeit und Absetzbarkeit aller Ämter und Posten	Jemand ist (z. B. durch Besitz) Führer einer Organisation
Transparenz aller Entscheidungen	Entscheidungen hinter verschlossenen Türen
Mehrheitsentscheidungen	Alleinentscheidungen
Verantwortlichkeit gegenüber den Bürgern eines Staates	Keine Verantwortlichkeit

Aufgabe 2:
Lösung individuell

Aufgabe 3:
Alle privaten Zeitungsverlage, Rundfunk- und Fernsehanstalten und Internetbetreiber sind als privatrechtliche Betriebe strukturiert, auf die alle oben genannten Aspekte der undemokratischen Ordnung zutreffen. – Es hätte also dann in Zukunft nur noch das öffentlich-rechtliche Fernsehen existieren dürfen oder alle anderen privaten Medien hätten sich diesem System anpassen müssen.

KV 18, S. 36

Aufgabe 1:
Journalisten sind abhängig von Informanten, um ihre Artikel, von denen sie leben, schreiben zu können. Jeder Informant muss sicher sein können, dass der Journalist, dem er die (vielleicht vertraulichen oder sogar geheimen) Unterlagen gegeben hat, nicht gerichtlich dazu gezwungen werden kann, seine Quellen preiszugeben. Ohne dieses Zeugnisverweigerungsrecht wäre journalistische Recherche oft unmöglich.

Aufgabe 2:
Im „Heidemörder-Urteil" geht es um höchst private Fotos, von denen illegale Kopien angefertigt und veröffentlicht wurden. Eine Rechtsgüterabwägung zwischen dem Recht der Betroffenen auf ihre Privatsphäre und dem Recht der Presse ist notwendig. Der Beschwerdeführerin wurde Recht gegeben. Zur Begründung heißt es u. a.: „Der Schutz der Pressefreiheit umfasst im Interesse eines breiten Informationsflusses auch die Vertraulichkeit zwischen Presse und ihren Informanten. Jeder Zwang zur Auskunft hebt die Vertraulichkeit auf und ist damit geeignet, den für die Funktion der Presse unerlässlichen Informationsfluss zu behindern. Dieser Schutz der Pressefreiheit gilt auch für die Bildberichterstattung." (Quelle: Entscheidung des BVerfG vom 28. 5 1999 – 1 BvR 77/99)

KV 19, S. 37

Aufgabe 1:
Das Recht auf Gegendarstellung ist ein wichtiges Persönlichkeitsschutzrecht, das aber von der Presse oft ausgehebelt wird, indem Gegendarstellungen auf der vorletzten Seite in Briefmarkengröße erscheinen. Der vorliegende Rechtsstreit geht wesentlich weiter, da F. van Almsick selbst Größe und Positionierung der Gegendarstellung bestimmen wollte.

Aufgabe 2:
Das Privatleben auch von Prominenten muss geschützt werden, und das gilt auch für Bereiche, die eigentlich „unproblematisch" sind, wie in diesem Beispiel eine beabsichtigte Heirat.

Aufgabe 3:
Die Gegendarstellung lässt völlig offen, welche Seite Recht hat, und die Presse hat selbstverständlich ein Recht auf Gegendarstellung gegen die Gegendarstellung. Das ist beim Widerruf oder bei der Richtigstellung nicht der Fall, hier gibt das Presseorgan offiziell zu, dass man sich geirrt hat.

KV 20 S. 38

Aufgabe 1:

Pro	Kontra
Alle Teilnehmer machen freiwillig mit, keiner wird gezwungen.	Die Aufgaben verletzen die Menschenwürde und die Selbstachtung der Beteiligten.
Alle Zuschauer schauen sich die Sendung freiwillig an.	Langeweile und Sensationslust sind die Motive der Zuschauer.
Ein bisschen Schadenfreude hat noch nie geschadet.	Die Shows tragen zur Verrohung unserer Gesellschaft bei.

Aufgabe 2:
Lösung individuell

Pro und Kontra solcher Shows unter dem Aspekt des Persönlichkeitsrechts sollen diskutiert und mithilfe eines Szenarios satirisch überspitzt werden.

Lösungen

KV 21, S. 39

Aufgabe 1:
Die Tat ist so entsetzlich und so einzigartig, dass es im deutschen Strafrecht tatsächlich keinen „Kannibalismus-Paragrafen" gibt, aber es gibt natürlich die Delikte Mord (§ 212), Totschlag (§ 213) sowie „Tötung auf Verlangen" (§ 216 StGB). Letzter Paragraf wurde im Prozess angewendet.

Aufgabe 2:
Offenbar lag bzw. liegt die Tat außerhalb dessen, was wir in unserer Zivilisation fassen können.

Aufgabe 3:
Es geht nicht nur um die Tat an sich, sondern auch um die üblichen Praktiken einer Boulevardzeitung bei der Berichterstattung: sprachliche Diffamierung („Menschenfresser"), Abwertung, Spekulation.

KV 22, S. 40

Aufgabe 1:
Die Anklage fußt auf § 306a (Schwere Brandstiftung), da es sich um ein „öffentliches" Gebäude handelt, in dem sich durchaus noch Menschen hätten befinden können.

Aufgabe 2:
Der Prozess findet erstinstanzlich vor dem Landgericht statt, denn es hätten grundsätzlich Menschen gefährdet werden können (vgl. Aufg. 1). Zudem ist die Schadenssumme mit einer Million Euro hoch.

Aufgabe 3:
Berufung vor dem Oberlandesgericht, Revision vor dem Bundesgerichtshof.

Aufgabe 4:
Die Verwendung des Telefonmitschnitts als offizielles Beweismittel war nicht rechtens, da der Mitschnitt illegal erfolgte.

Aufgabe 5:
Die Revision wird erfolgreich sein, da dieses Beweismittel nicht hätte verwendet werden dürfen (Parallele zum Fall Metzler – das erpresste erste Geständnis durfte im Prozess nicht verwendet werden). Der Fall wird zur Neuverhandlung an das OLG zurückgewiesen. Bei dieser Neuverhandlung darf das zentrale Beweisstück Telefonmitschnitt nicht verwendet werden. Daher ist die Chance, dass G. freigesprochen wird, relativ hoch.

Aufgabe 6:
Die Ruine wird weder abgerissen noch ein neues Gebäude gebaut, da die Frage, ob Brandstiftung vorliegt oder nicht, erst mit dem Urteil des Strafprozesses geklärt werden kann.